ÉLÉMENS

DE LA

GRAMMAIRE FRANÇOISE,

PAR M. LHOMOND,

Professeur-Emérite en l'Université de Paris.

Prix 15 sols, relié en parchemin.

A PARIS;

Chez COLAS, Libraire, place de Sorbonne, attenant le College de Cluni.

M. DCC. LXXX.

Avec Approbation & Privilege du Roi.

PRÉFACE.

C'est par la Langue maternelle que doivent commencer les Etudes, dit M. Rollin. Les Enfants comprennent plus aisément les Principes de la Grammaire, quand ils les voient appliqués à une Langue qu'ils entendent déja, & cette connoissance leur sert comme d'introduction aux Langues anciennes qu'on veut leur enseigner. Nous avons de bonnes Grammaires françoises mais je doute que l'on puisse porter un jugement aussi favorable des Abrégés qui ont été faits pour les Commençants. Les premiers Eléments ne sauroient être trop simplifiés. Quand on parle à des Enfants, il y a une mesure de connoissances à laquelle on doit se borner, parce qu'ils ne sont pas capables d'en recevoir davantage. Il est sur-tout important de ne pas leur présenter plusieurs objets à la fois : il faut, pour ainsi dire, faire entrer dans leur esprit les idées une à une, comme on introduit une liqueur goutte à goutte dans un vase dont l'embouchure est étroite : si vous en versez trop en même temps, la liqueur se répand, & rien n'entre dans le vase. Il y a aussi un ordre à garder ; cet ordre consiste principalement à ne pas supposer des choses que vous n'avez pas encore dites, & à commencer par les connoissances qui ne dépendent point de celles qui suivent. Enfin il y a une maniere de s'énoncer accommodée à leur foibleſſe : ce n'eſt point par des définitions exactes, & par conſéquent abſtraites, qu'on leur fera connoître les objets dont on leur parle, mais par des caracteres ſenſibles & qui les rendent faciles à diſtinguer.

On ſent que, pour exécuter ce plan, il faut connoître les Enfants. Appliqué pendant vingt années aux fonctions de l'inſtruction publique, j'ai été à portée de les obſerver de près, de meſurer leur portée, de ſentir ce qui leur convient : c'eſt cette connoiſſance, que l'expérience ſeule peut donner, qui m'a déterminé à compoſer des Livres élémentaires. Puiſſe l'exécution remplir l'unique but que je me propoſe, celui d'être utile, & d'épargner à cet âge aimable une partie des larmes que les premieres Etudes font couler !

ÉLÉMENS

DE LA

GRAMMAIRE FRANÇOISE.

INTRODUCTION.

LA Grammaire eſt l'art de parler & d'é-
crire correctement. Pour parler & pour écrire
on emploie des mots : les mots ſont com-
poſés de lettres.

Il y a deux ſortes de lettres, les *voyelles*
& les *conſonnes*.

Les voyelles ſont *a, e, i, o, u,* & *y.*
On les appelle *voyelles,* parce que, ſeules, elles
forment une voix, un ſon.

Il y a trois ſortes d'*e* ; *e* muet, *e* fermé,
e ouvert.

L'*e muet* comme à la fin de ces mots *homme,
monde :* on l'appelle *muet,* parce que le ſon
en eſt ſourd & peu ſenſible.

L'*e fermé,* comme à la fin de ces mots

A

bonté, *café* : cet *e* se prononce la bouche presque fermée.

L'*e ouvert*, comme à la fin de ces mots *procès*, *accès*, *succès* : pour bien prononcer cet *e*, il faut appuyer dessus, & desserrer les dents.

L'*y* grec s'emploie le plus souvent pour deux *ii*, comme dans *paysan*, *moyen*, *joyeux* : prononcez *pai-isan*, *moi-ien*, *joi-ieux*.

Il y a dix-huit consonnes, savoir *b*, *c*, *d*, *f*, *g*, *h*, *j*, *k*, *l*, *m*, *n*, *p*, *q*, *r*, *s*, *t*, *v*, *x*, *z*. Ces lettres s'appellent *consonnes*, parce qu'elles ne forment un son qu'avec le secours des voyelles, comme *ba*, *be*, *bi*, *bo*, *bu* : *ca*, *ce*, *ci*, *co*, *cu* : *da*, *de*, *di*, *do*, *du*, &c.

La lettre *h* ne se prononce pas dans certains mots, l'*homme*, l'*honneur*, l'*histoire*, &c. qu'on prononce comme s'il y avoit l'*omme*, l'*onneur*, l'*istoire* : alors on l'appelle *h muette*.

Mais dans les mots suivants la *haine*, le *hameau*, le *héros*, la lettre *h* fait prononcer du gosier la voyelle qui suit : alors on l'appelle *h aspirée* : ainsi l'on écrit, & l'on prononce séparément les deux mots *la haine*, & non pas *l'haine* ; *les héros*, & non pas comme s'il y avoit *les zhéros*.

Des Voyelles longues & breves.

Les voyelles *longues* sont celles sur les

quelles on appuie plus long-temps que fur les autres en les prononçant.

Les voyelles *breves* font celles fur lefquelles on appuie moins long-temps.

Par exemple, *a* eft long dans *pâte* pour faire du pain, il eft bref dans *patte* d'animal.

e eft long dans *tempéte*, & il eft bref dans *trompette*.

i eft long dans *gîte*, & bref dans *petite*.

o eft long dans *apôtre*, & bref dans *dévote*.

u eft long dans *flûte*, & bref dans *butte*.

Pour marquer les différentes fortes d'*e*, & les voyelles longues, on emploie trois petits fignes que l'on appelle *accents*, favoir: l'accent aigu (´) qui fe met fur les *e* fermés, *bonté*: l'accent grave (`) qui fe met fur les *e* ouverts, *accès*: & l'accent circonflexe (^) qui fe met fur la plupart des voyelles longues, *apôtre*.

Il y a en françois dix fortes de mots qu'on appelle les *parties du difcours*, favoir le *nom*, l'*article*, l'*adjectif*, le *pronom*, le *verbe*, le *participe*, la *prépofition*, l'*adverbe*, la *conjonction* & l'*interjection*.

CHAPITRE PREMIER.

PREMIERE ESPECE DE MOTS.

Le Nom.

LE *Nom* est un mot qui sert à nommer une personne ou une chose, comme *Pierre*, *Paul*, *Livre*, *Chapeau*.

Il y a deux sortes de noms, le nom *commun*, & le nom *propre*.

Le nom *commun* est celui qui convient à plusieurs personnes, ou à plusieurs choses semblables : *homme*, *cheval*, *maison*, sont des noms communs ; car le nom *homme* convient à Pierre, à Paul, &c.

Le nom *propre* est celui qui ne convient qu'à une seule personne ou à une seule chose, comme *Adam*, *Eve*, *Paris*, la *Seine*.

Dans les noms il faut considérer le *genre* & le *nombre*.

Il y a en françois deux genres, le *masculin* & le *féminin*. Les noms d'hommes ou de mâles sont du genre masculin, comme un *roi*, un *lion* : les noms de femmes ou de femelles sont du genre feminin, comme une *reine*, une *lionne*. Ensuite par imitation l'on a donné le genre masculin ou le genre féminin à des choses qui ne sont ni mâles ni femelles, comme un *livre*, une *table*, le *soleil*, la *lune*.

Il y a deux nombres, le *fingulier* & le *pluriel* : le fingulier, quand on parle d'une feule perfonne ou d'une feule chofe, comme *un homme*, *un livre* : le pluriel, quand on parle de plufieurs perfonnes ou de plufieurs chofes, comme *les hommes*, *les livres*.

Comment fe forme le pluriel dans les noms.

REGLE GÉNÉRALE.

Pour former le pluriel, ajoutez *s* à la fin du nom : le *roi*, les *rois* ; la *reine*, les *reines* ; le *livre*, les *livres* ; la *table*, les *tables*.

Premiere remarque. Les noms terminés au fingulier par *s*, *z*, *x*, n'ajoutent rien au pluriel : le *fils*, les *fils* ; le *nez*, les *nez* ; la *voix*, les *voix*.

Deuxieme remarque. Les noms terminés au fingulier par *au*, *eu*, *ou*, prennent *x* au pluriel : le *bateau*, les *bateaux* ; le *feu*, les *feux* ; le *caillou*, les *cailloux*.

Troifieme remarque. La plupart des noms terminés au fingulier par *al*, *ail*, font leur pluriel en *aux* : le *mal*, les *maux* ; le *cheval*, les *chevaux* ; le *travail*, les *travaux*. (Excepté *détails*, *éventails*, *portails*, *gouvernails*, *camails*, *épouvantails*). *Aïeul*, *ciel*, *œil*, font au pluriel *aïeux*, *cieux*, *yeux*.

CHAPITRE II.

SECONDE ESPECE DE MOTS.

L'Article le, la, les.

L'Article eſt un petit mot que l'on met devant les noms communs, & qui en fait connoître le genre & le nombre.

Nous n'avons qu'un article *le, la,* au ſingulier, *les,* au pluriel. *Le* ſe met devant un nom maſculin ſingulier, *le pere : la* ſe met devant un nom ſingulier féminin, *la mere : les* ſe met devant tous les noms pluriels ſoit maſculins, ſoit féminins, *les meres, les peres.* Ainſi l'on connoît qu'un nom eſt du genre maſculin, quand on peut mettre *le* devant ce nom : on connoît qu'un nom eſt du genre féminin quand on peut mettre *la.*

Il y a deux remarques à faire ſur l'article.

Premiere remarque. On retranche *e* dans le mot *le ;* on retranche *a* dans *la* quand le mot ſuivant commence par une voyelle, ou une *h* muette.

Ainſi l'on dit *l'argent* pour *le argent, l'hiſtoire* pour *la hiſtoire ;* mais alors on met à la place de la lettre retranchée cette petite figure (') qu'on appelle *apoſtrophe. Voyez* Chap. X, *vers la fin,* au mot *Orthographe.*

Deuxieme remarque. Pour joindre un nom à un mot précédent on met *de* ou *à* devant ce nom : *fruit de l'arbre ; utile à l'homme.*

Alors au lieu de mettre *de le* devant un nom masculin singulier qui commence par une consonne, on met *du.*

Au lieu de *à le* on met *au.*

Devant un nom plurier, *de les* se change en *des* ; *à les* se change en *aux.*

Exemples.

SINGULIER MASCULIN.

le Roi.
Palais *du* Roi, pour *de le* Roi.
J'obéis *au* Roi, pour *à le* Roi.

PLURIEL MASCULIN.

les Rois.
Palais *des* Rois, pour *de les* Rois.
J'obéis *aux* Rois, pour *à les* Rois.

PLURIEL FEMININ.

les Reines.
des Reines, pour *de les* Reines.
aux Reines, pour *à les* Reines.

Au contraire *de* & *a* devant *la* ne se changent jamais.

SINGULIER FEMININ.

la Reine.
de la Reine.
à la Reine.

CHAPITRE III.

TROISIEME ESPECE DE MOTS.

L'Adjectif.

L'Adjectif est un mot que l'on ajoute au nom pour marquer la qualité d'une personne ou d'une chose, comme *bon* pere, *bonne* mere; *beau* livre, *belle* image : ces mots *bon*, *bonne*, *beau*, *belle*, font des adjectifs joints aux noms *pere*, *mere*, &c.

On connoît qu'un mot est adjectif, quand on peut y joindre le mot *personne* ou *chose* : ainsi *habile*, *agréable* font des adjectifs, parce qu'on peut dire, *personne habile*, *chose agréable*.

Les adjectifs ont les deux genres *masculin* & *féminin*. Cette différence de genres se marque ordinairement par la derniere lettre.

Comment se forme le Féminin dans les Adjectifs françois.

REGLE GÉNÉRALE.

Quand un adjectif ne finit point par un *e* muet, on y ajoute un *e* muet, pour former le féminin : *Prudent*, *prudente*; *faint*, *fainte*; *méchant*, *méchante*; *petit*, *petite*; *grand*, *grande*; *poli*, *polie*; *vrai*, *vraie*, &c.

Exceptions.

Premiere exception. Les adjectifs suivans : *cruel, pareil, fol, mol, ancien, bon, gras, gros, nul, net, sot, épais, &c.* doublent au féminin leur derniere consonne avec l'e muet : *cruelle, pareille, folle, molle, ancienne, bonne, grasse, grosse, nulle, nette, sotte, épaisse.*

Beau & *nouveau* ont au féminin *belle, nouvelle,* parce qu'au masculin on dit aussi *bel, nouvel,* devant une voyelle ou une *h* muette, *bel oiseau, bel homme, nouvel appartement.*

Deuxieme exception. Blanc, franc, sec, frais, ont au féminin *blanche, franche, seche, fraiche.*

Public, caduc font *publique, caduque.*

Troisieme exception. Les adjectifs *bref, naïf,* font au féminin *breve, naïve,* en changeant *f* en *v : long* fait *longue.*

Quatrieme exception. Malin, benin font *maligne, benigne.*

Cinquieme exception. Les adjectifs en *eur* font ordinairement leur féminin en *euse : trompeur, trompeuse ; parleur, parleuse ; chanteur, chanteuse ;* cependant *pécheur* fait *pécheresse ; acteur* fait *actrice ; protecteur, protectrice.*

Sixieme exception. Les adjectifs terminés en *x* se changent en *se : dangereux, dangereuse ; honteux, honteuse ; jaloux, jalouse, &c.* cependant *doux* fait *douce ; roux,* fait *rousse.*

Comment se forme le pluriel.

Le pluriel dans les adjectifs se forme comme dans les noms en ajoutant *s* à la fin : *bon, bonne*, au pluriel, *bons, bonnes, &c.*

Mais la plupart des adjectifs qui finissent par *al* n'ont pas de pluriel masculin, comme *filial, fatal, frugal, paschal, pastoral, naval, trivial, venal, littéral, conjugal, austral, boréal, final.*

Accord des Adjectifs avec les noms.

Regle. Tout adjectif doit être du même genre & du même nombre que le nom auquel il se rapporte.

Exemples.

Le bon pere, la bonne mere : *bon* est du masculin & du singulier, parce que *pere* est du masculin & du singulier : *bonne* est du féminin du singulier, parce que *mere* est du féminin & du singulier.

De beaux jardins, de belles fleurs : *beaux* est du masculin & au pluriel, parce que *jardins* est du masculin & au pluriel, &c.

Quand un adjectif se rapporte à deux noms singuliers, on met cet adjectif au pluriel, parce que deux singuliers valent un pluriel.

Exemple.

Le roi & le berger sont égaux après la mort : (& non pas *égal*).

Si les deux noms sont de différents genres, on met l'adjectif au masculin.

Exemple.

Mon pere & ma mere sont contents : (& non pas *contentes*).

Quant à la place des adjectifs, il y en a qui se mettent devant le nom, comme *beau jardin, grand arbre,* &c. D'autres se mettent après le nom, comme *habit rouge, table ronde,* &c. L'usage est le seul guide à cet égard.

(*) *Régime des adjectifs.*

Regle. Pour joindre un nom à un adjectif précédent, on met *de* ou *à* entre cet adjectif & le nom : alors on appelle ce nom le *régime* de l'adjectif.

Exemples.

Digne de récompense ; content de son sort ; utile au roi ; semblable à son pere ; propre à la guerre. Récompense est le régime de l'adjectif *digne,* parce qu'il est joint à cet adjectif par le mot *de.* Roi est le régime de l'adjectif

_____

(*) La maniere d'accorder un mot avec un autre mot, ou de faire régir un mot par un autre mot, s'appelle *la syntaxe* : ainsi la syntaxe est la maniere de joindre les mots ensemble. Il y a deux sortes de syntaxes, la syntaxe *d'accord,* par laquelle on fait accorder deux mots en genre, en nombre, &c. La syntaxe *de régime,* par laquelle un mot régit *de* ou *à* devant un autre mot.

utile, parce qu'il est joint à cet adjectif par le mot *à*.

Degrés de signification dans les Adjectifs.

On distingue dans les adjectifs trois degrés de signification, le *positif*, le *comparatif*, & le *superlatif*.

Le *positif* n'est autre chose que l'adjectif même, comme *beau*, *belle*, *agréable*.

Le *comparatif* c'est l'adjectif avec comparaison : quand on compare deux choses, on trouve que l'une est ou supérieure à l'autre, ou inférieure à l'autre, ou égale à l'autre.

Pour marquer un comparatif *de supériorité*, on met *plus* devant l'adjectif, comme *la rose est* plus *belle que la violette*.

Pour marquer un comparatif *d'infériorité*, l'on met *moins* devant l'adjectif, comme *la violette est* moins *belle que la rose*.

Pour marquer un comparatif *d'égalité*, on met *aussi* devant l'adjectif, comme *la rose est* aussi *belle que la tulipe*.

Le mot *que* sert à joindre les deux choses que l'on compare.

Nous avons trois adjectifs qui expriment seuls une comparaison : *meilleur* au lieu de *plus bon* qui ne se dit pas ; *moindre*, au lieu de *plus petit* ; *pire*, au lieu de *plus mauvais* : comme *la vertu est* meilleure *que la science* : *le mensonge est* pire *que l'indocilité*.

L'adjectif est au *superlatif* quand il exprime

la qualité dans un très-haut degré, ou dans le plus haut degré. Pour former le superlatif on met *très*, ou *le plus* devant l'adjectif, comme *Paris est une très-belle ville*, & alors le superlatif s'appelle *absolu* ; ou *Paris est* la plus *belle des villes* : & ce superlatif s'appelle *relatif*, parce qu'il marque un rapport aux autres villes.

Noms & Adjectifs de nombre.

Les noms de nombre sont ceux dont on se sert pour compter.

Il y en a de deux sortes : les noms de nombre *cardinaux*, & les noms de nombre *ordinaux.*

Les noms de nombre *cardinaux* sont *un, deux, trois, quatre, cinq, six, sept, huit, neuf, dix, onze, douze, treize, quatorze, quinze, seize, dix-sept, dix-huit, dix-neuf, vingt, trente, quarante, cinquante, soixante, quatre-vingt, cent, mille,* &c.

Les noms de nombre *ordinaux* se forment des cardinaux ; ces noms sont *premier, second, troisieme, quatrieme, cinquieme, sixieme, septieme, huitieme, neuvieme, dixieme,* &c.

Il y a encore des noms de nombre qui servent à marquer une certaine quantité, comme une *dixaine*, une *douzaine*, &c.

Il y en a encore d'autres qui marquent les parties d'un tout, comme la *moitié*, le *tiers*, le *quart*, &c.

Enfin, il y en a qui servent à multiplier, comme le *double*, le *triple*, &c,

CHAPITRE IV.

QUATRIEME ESPECE DE MOTS.

Du Pronom.

LE *Pronom* eſt un mot qui tient la place du nom.

Pronoms perſonnels.

Les pronoms *perſonnels* ſont ceux qui déſignent les perſonnes.

Il y a trois perſonnes : la premiere perſonne eſt celle qui parle ; la ſeconde perſonne eſt celle à qui l'on parle ; la troiſieme perſonne eſt celle de qui l'on parle.

Pronom de la premiere perſonne.

Ce pronom eſt des deux genres ; maſculin, ſi c'eſt un homme qui parle, féminin, ſi c'eſt une femme.

Exemples.

SINGUL. Je ou moi.

Me *pour à moi, moi.* { Le maître me *donnera un livre,* c'eſt-à-dire, *donnera à moi.* Le maître me *regarde,* c'eſt-à-dire, *regarde moi.*

PLURIEL. Nous.

Pronom de la ſeconde perſonne.

Il eſt des deux genres ; maſculin, ſi c'eſt à

un homme qu'on parle ; féminin, si c'est à une femme.

Exemples.

SING. Tu *ou* toi.

Te *pour* à toi, toi.
{ *Le maître te donnera un livre,* c'est-à-dire, *donnera à* toi.
{ *Le maître te regarde,* c'est-à-dire, *regarde* toi.

PLURIEL. Nous.

Remarque. Par politesse on dit *vous* au lieu de *tu* au singulier, par exemple, en parlant à un enfant : vous *êtes bien aimable.*

Pronom de la troisieme personne,

Exemples.

SING. *m.* Il. *f.* Elle.

Lui *pour* à lui, à elle.
{ *Je lui dois le respect,* c'est-à-dire, *je dois* à lui, à elle.

masc. Le. *fémin.* La.
{ *Je le connois,* c'est-à-dire, *je connois* lui.
{ *Je la connois,* c'est-à-dire, *je connois* elle.

PLURIEL.
m. Ils *ou* eux. *f.* Elles.

Leur *pour* à eux, à elles.
{ *Je leur dois le respect,* c'est-à-dire, *je dois* à eux, à elles.

Les *pour* eux, elles.
{ *Je les connois,* c'est-à-dire, *je connois* eux, elles.

Il y a encore un pronom de la troisieme personne *soi, se :* il est des deux genres & des deux nombres ; on l'appelle *pronom réfléchi,*

parce qu'il marque le rapport d'une perſonne
à elle-même.

Exemples.

De Soi.

Se pour à ſoi, ſoi.
{
Il ſe donne des louanges, c'eſt-à-dire, *il donne à* ſoi.
Il ſe flatte, c'eſt-à-dire, *il flatte* ſoi.
}

Il y a deux mots qui ſervent de pronoms, ſavoir :

1°. *En* qui ſignifie *de lui, d'elle, d'eux, d'elles :* ainſi quand on dit, *j'en parle,* on peut entendre, *je parle de lui, d'elle, &c.* ſelon la perſonne ou la choſe dont le nom a été exprimé auparavant.

2°. *Y* qui ſignifie *à cette choſe, à ces choſes,* comme quand on dit : *je m'y applique,* c'eſt-à-dire, *je m'applique à cette choſe, à ces choſes.*

Regle des Pronoms.

Les pronoms *il, elle; ils, elles* doivent toujours être du même genre & du même nombre que le nom dont ils tiennent la place : ainſi en parlant de la tête, dites : elle *me fait mal : elle,* parce que ce pronom ſe rapporte à *tête* qui eſt du féminin & au ſingulier; & en parlant de pluſieurs jardins, dites : ils *ſont beaux : ils,* parce que ce pronom ſe rapporte à *jardins* qui eſt du maſculin & au pluriel.

Pronoms

Pronoms adjectifs.

Il y a des pronoms adjectifs qui marquent la possession d'une chose, comme *mon* livre, *votre* cheval, *son* chapeau, c'est-à-dire, le livre *qui est à moi*, le cheval *qui est à vous*, le chapeau *qui est à lui*.

SINGULIER.		PLURIEL.
masculin.	*féminin.*	*Des deux genres.*
Mon	Ma.	Mes.
Ton	Ta.	Tes.
Son	Sa.	Ses.
Notre	Notre.	Nos.
Votre	Votre.	Vos.
Leur	Leur.	Leurs.

Premiere remarque. Ces pronoms sont toujours joints à un nom, *mon livre, ton chapeau.*

Deuxieme remarque. Mon, ton, son s'emploient au féminin devant une voyelle ou une *h* muette : on dit *mon ame* pour *ma ame*, *ton humeur* pour *ta humeur*, *son épée* pour *sa épée*.

Autre Pronom.

SINGULIER.		PLURIEL.	
masculin.	*féminin.*	*masculin.*	*féminin.*
le Mien	la Mienne.	les Miens	les Miennes.
le Tien	la Tienne.	les Tiens	les Tiennes.
le Sien	la Sienne.	les Siens	les Siennes.
		Des deux genres.	
le Nôtre	la Nôtre.	les Nôtres.	
le Vôtre	la Vôtre.	les Vôtres.	
le Leur	la Leur.	les Leurs.	

B

2°. Il y a des pronoms adjectifs qui servent à montrer la chose dont on parle, comme quand je dis : *ce livre*, *cette table*, je montre un livre, une table.

SINGULIER.		PLURIEL.	
masculin.	*féminin.*	*masculin.*	*féminin.*
Ce, cet	Cette.	Ces	Ces.
Celui	Celle.	Ceux	Celles.
Celui-ci	Celle-ci.	Ceux-ci	Celles-ci.
Celui-là	Celle-là.	Ceux-là	Celles-là.
Ceci.			
Cela.			

Remarque. On met *ce* devant les noms qui commencent par une consonne ou un *h* aspirée : *ce château*, *ce hameau* : on met *cet* devant une voyelle ou une *h* muette : *cet oiseau*, *cet honneur.*

Celui-ci, *celle-ci* s'emploient pour montrer des choses qui sont proches : *celui-là*, *celle-là*, pour montrer des choses éloignées.

3°. Il y a des pronoms *relatifs*, c'est-à-dire, qui ont rapport à un nom qui est devant, comme quand je dis : *Dieu* qui *a créé le monde*, *qui* se rapporte à *Dieu : le livre* que *je lis*, *que* se rapporte à *livre :* le mot auquel *qui* ou *que* se rapporte s'appelle *antécédent.* Dans les deux exemples ci-dessus *Dieu* est l'antécédent du pronom relatif *qui; livre* est l'antécédent du pronom relatif *que.*

Pronom relatif.

Qui *des deux genres & des deux nombres.*
Dont *ou* de qui.
Que.

Regle du Qui *ou* Que *relatif.*

Qui, que relatif s'accorde avec son anté-cédent en *genre*, en *nombre* & en *personne* : ainsi dans cet exemple : *vous* qui *aimez l'étude*, *qui* est de la seconde personne parce que *vous* est de la seconde personne ; il est du masculin ou du féminin, au singulier ou au pluriel, selon le genre & le nombre des personnes à qui l'on parle.

4°. Il y a des pronoms *interrogatifs* : qui ? *quel ? quelle ?* comme quand on dit : qui *a fait cela ?* que *vous dirai-je ? Qui* ou *que* est interrogatif quand il n'a point d'antécédent, & qu'on peut le tourner par *quelle personne ?* ou *quelle chose ?* Dans les deux exemples ci-dessus on peut dire : *quelle personne a fait cela ? quelle chose vous dirai-je ?*

Pronoms indéfinis, c'est-à-dire, qui signifient d'une maniere générale.

Il y a quatre sortes de pronoms *indéfinis*.

1°. Ceux qui ne se joignent jamais à un nom, comme *on, quelqu'un, quelqu'une, qui-conque, chacun, chacune, autrui, personne, rien.* Quand je dis : on *frappe à la porte*, quelqu'un *vous* appelle, je parle d'une personne, mais je ne désigne pas quelle elle est.

2°. Ceux qui sont toujours joints à un nom, comme *quelque, chaque, quelconque, certain, certaine* ; exemple : quelque *nouvelle*, certain *philosophe*.

3°. Ceux qui sont tantôt joints à un nom & tantôt seuls, comme *nul, nulle ; aucun, aucune ; l'un, l'autre ; même ; tel, telle ; plusieurs ; tout, toute*.

4°. Ceux qui sont suivis de *que*, comme *qui que ce soit, quoi que ce soit, quel, quelle que* ; par exemple : quel *que soit votre mérite*, quelle *que soit votre naissance*. Quoi que ; par exemple : quoi que *vous fassiez*. Quelque ... que ; par exemple : quelques *richesses que vous ayez*. Tout ... que, toute ... que ; par exemple : tout *savant que vous êtes*, la campagne toute *belle qu'elle est*.

CHAPITRE V.

CINQUIEME ESPECE DE MOTS.

Le Verbe.

LE Verbe est un mot dont on se sert pour exprimer que l'on est, ou que l'on fait quelque chose : ainsi le mot *être, je suis* est un verbe ; le mot *lire, je lis* est un verbe.

On connoît un verbe en françois quand on peut y ajouter ces pronoms, *je, tu, il, nous*, *vous*, *ils*; comme je *lis*, tu *lis*, il *lit*, nous *lisons*, vous *lisez*, ils *lisent*.

Les pronoms *je*, *nous* marquent la premiere personne, c'est-à-dire, celle qui parle; *tu*, *vous* marquent la seconde personne, c'est-à-dire, celle à qui l'on parle; *il*, *elle*, *ils*, *elles*, & tout nom placé devant un verbe marquent la troisieme personne, celle de qui l'on parle.

Il y a dans les verbes deux nombres, le *singulier*, quand on parle d'une seule personne, comme *je lis*, l'enfant dort : le *pluriel*, quand on parle de plusieurs personnes, comme *nous lisons*, les enfans dorment.

Il y a trois tems, le *présent* qui marque que la chose est ou se fait actuellement, comme *je lis*; le *passé*, ou *prétérit*, qui marque que la chose a été faite, comme *j'ai lu*; le *futur*, qui marque que la chose sera ou se fera, comme *je lirai*.

On distingue plusieurs sortes de prétérits ou passés, savoir un *imparfait*, *je lisois*; trois *parfaits*, *je lus*, *j'ai lu*, *j'eus lu*; & un *plusqueparfait*, *j'avois lu*.

On distingue aussi deux futurs, le futur *simple*, *je lirai*, & le futur *passé*, *j'aurai lu*.

Il y a cinq modes ou manieres de signifier dans les verbes françois.

1°. L'*indicatif*, quand on affirme que la chose est, ou qu'elle a été, ou qu'elle sera.

2°. Le *conditionnel*, quand on dit qu'une chose feroit, ou qu'elle auroit été moyennant une condition.

3°. L'*impératif*, quand on commande de la faire.

4°. Le *subjonctif*, quand on souhaite, ou qu'on doute qu'elle se fasse.

5°. L'*infinitif* qui exprime l'action ou l'état en général, sans nombres, ni personnes, comme *lire*, *être*.

Réciter de suite les différents modes d'un verbe avec tous leurs temps, leurs nombres & leurs personnes, cela s'appelle *conjuguer*.

Il y a en françois quatre conjugaisons différentes que l'on distingue par la terminaison de l'infinitif.

La premiere conjugaison a l'infinitif terminé en *er*, comme *aimer*.

La seconde a l'infinitif terminé en *ir*, comme *finir*.

La troisieme a l'infinitif terminé en *oir*, comme *recevoir*.

La quatrieme a l'infinitif terminé en *re*, comme *rendre*.

Il y a deux verbes que l'on nomme *auxiliaires*, parce qu'ils aident à conjuguer tous les autres : nous commencerons par ces deux verbes.

VERBE AUXILIAIRE AVOIR.

INDICATIF.

PRÉSENT.

Sing. J'ai.

Tu as (1).

Il *ou* elle a.

Plur. Nous avons.

Vous avez.

Ils *ou* elles ont.

IMPARFAIT.

J'avois.

Tu avois.

Il avoit.

Nous avions.

Vous aviez.

Ils *ou* elles avoient.

PRETERIT DÉFINI.

J'eus.

Tu eus.

Il eut.

Nous cûmes.

Vous eûtes.

Ils eurent.

PRÉTERIT INDÉFINI (2).

J'ai eu.

Tu as eu.

Il a eu.

Nous avons eu.

Vous avez eu.

Ils ont eu.

PRETERIT ANTÉRIEUR.

J'eus eu.

Tu eus eu.

Il eut eu.

Nous cûmes eu.

Vous eûtes eu.

Ils eurent eu.

PLUSQUEPARFAIT.

J'avois eu.

Tu avois eu.

Il avoit eu.

Nous avions eu.

Vous aviez eu.

Ils avoient eu.

---

(1) Toutes les secondes personnes du singulier ont une *s* à la fin.

(2) On appelle prétérit *défini* celui qui marque un temps entièrement passé ; exemple : *j'eus hier la fievre*. On appelle prétérit *indéfini* celui qui marque un temps dont il peut rester encore quelque partie à s'écouler ; exemple : *j'ai eu la fievre aujourd'hui*. On appelle prétérit *anterieur* celui qui marque une chose faite avant une autre ; exemple : *Dès que nous eûmes vu le roi , nous partîmes.*

FUTUR.

J'aurai.
Tu auras.
Il aura.
Nous aurons.
Vous aurez.
Ils auront.

FUTUR PASSÉ.

J'aurai eu.
Tu auras eu.
Il aura eu.
Nous aurons eu.
Vous aurez eu.
Ils auront eu.

CONDITIONNELS.

PRÉSENT.

J'aurois.
Tu aurois.
Il auroit.
Nous aurions.
Vous auriez.
Ils auroient.

PASSÉ.

J'aurois eu.

Tu aurois eu.
Il auroit eu.
Nous aurions eu.
Vous auriez eu.
Ils auroient eu.

On dit aussi *j'eusse eu,
tu eusses eu, il eût eu, nous
eussions eu, vous eussiez eu,
ils eussent eu.*

IMPÉRATIF.

Point de premiere personne.
Aye.
Qu'il ait.

Ayons.
Ayez.
Qu'ils ayent.

SUBJONCTIF.

PRÉSENT, ou FUTUR.

Que j'aye.
Que tu ayes.
Qu'il ait.
Que nous ayons.
Que vous ayez.
Qu'ils ayent.

IMPARFAIT.

Que j'eusse.
Que tu eusses.
Qu'il eût.
Que nous eussions.
Que vous eussiez.
Qu'ils eussent.

PRETERIT.

Que j'aye eu.
Que tu ayes eu.
Qu'il ait eu.
Que nous ayons eu.
Que vous ayez eu.
Qu'ils ayent eu.

PLUSQUEPARFAIT.

Que j'eusse eu.
Que tu eusses eu.
Qu'il eût eu.
Que nous eussions eu.
Que vous eussiez eu.
Qu'ils eussent eu.

INFINITIF.

INFINITIF.

PRÉSENT.	PRÉTÉRIT.
Avoir.	Avoir eu.

PARTICIPES.

PRÉSENT.	FUTUR.
Ayant.	
PASSÉ.	Devant avoir.
Ayant eu.	

VERBE AUXILIAIRE ÊTRE.

INDICATIF.

PRÉSENT.

Je suis.
Tu es.
Il *ou* elle est.
Nous sommes.
Vous êtes.
Ils *ou* elles sont.

IMPARFAIT.

J'étois.
Tu étois.
Il *ou* elle étoit.
Nous étions.
Vous étiez.
Ils *ou* elles étoient.

PRÉTÉRIT DÉFINI.

Je fus.
Tu fus.
Il fut.
Nous fûmes.
Vous fûtes.
Ils furent.

PRÉTÉRIT INDÉFINI.

J'ai été.
Tu as été.
Il a été.
Nous avons été.
Vous avez été.
Ils ont été.

PRÉTÉRIT ANTÉRIEUR.

J'eus été.
Tu eus été.
Il eut été.
Nous eûmes été.
Vous eûtes été.
Ils eurent été.

PLUSQUEPARFAIT.

J'avois été.
Tu avois été.
Il avoit été.
Nous avions été.
Vous aviez été.
Ils avoient été.

C

FUTUR.

Je serai.
Tu seras.
Il sera.
Nous serons.
Vous serez.
Ils seront.

FUTUR PASSÉ.

J'aurai été.
Tu auras été.
Il aura été.
Nous aurons été.
Vous aurez été.
Ils auront été.

CONDITIONNEL.

PRÉSENT.

Je serois,
Tu serois.
Il seroit.
Nous serions.
Vous seriez.
Ils seroient.

PASSÉ.

J'aurois été.
Tu aurois été.
Il auroit été.
Nous aurions été.
Vous auriez été.
Ils auroient été.

On dit aussi : *j'eusse été,
tu eusses été, il eût été, nous
eussions été, vous eussiez été,
ils eussent été.*

IMPÉRATIF.

Point de premiere personne.
Sois.
Qu'il soit.

Soyons.
Soyez.
Qu'ils soient.

SUBJONCTIF.

PRÉSENT.

Que je sois.
Que tu sois.
Qu'il soit.
Que nous soyons.
Que vous soyez.
Qu'ils soient.

IMPARFAIT.

Que je fusse,
Que tu fusses.
Qu'il fût.
Que nous fussions.
Que vous fussiez.
Qu'ils fussent.

PRÉTÉRIT.

Que j'aye été.
Que tu ayes été.
Qu'il ait été.
Que nous ayons été.
Que vous ayez été.
Qu'ils ayent été.

PLUSQUEPARFAIT.

Que j'eusse été.
Que tu eusses été.
Qu'il eût été.
Que nous eussions été.
Que vous eussiez été.
Qu'ils eussent été.

INFINITIF.

PRÉSENT.

Être.

PRÉTÉRIT,

Avoir été.

PARTICIPES.

PRÉSENT.

Étant.

PASSÉ.

Été, ayant été.

FUTUR.

Devant être.

PREMIERE CONJUGAISON.

En *ER*.

INDICATIF.

PRÉSENT.

J'aime.
Tu aimes.
Il *ou* elle aime.
Nous aimons.
Vous aimez.
Ils *ou* elles aiment.

IMPARFAIT.

J'aimois.
Tu aimois.
Il aimoit.
Nous aimions.
Vous aimiez.
Ils *ou* elles aimoient.

PRÉTÉRIT DÉFINI.

J'aimai.
Tu aimas.
Il aima.
Nous aimâmes.
Vous aimâtes.
Ils aimerent.

PRÉTÉRIT INDÉFINI.

J'ai aimé.
Tu as aimé.
Il a aimé.
Nous avons aimé.
Vous avez aimé.
Ils ont aimé.

PRÉTÉRIT ANTÉRIEUR.

J'eus aimé.
Tu eus aimé.
Il eut aimé.
Nous eûmes aimé.
Vous eûtes aimé.
Ils eurent aimé (*).

PLUSQUEPARFAIT.

J'avois aimé.
Tu avois aimé.
Il avoit aimé.
Nous avions aimé.
Vous aviez aimé.
Ils avoient aimé.

(*) Il y a un quatrieme prétérit, dont on se sert rarement; le voici.

J'ai eu aimé.
Tu as eu aimé.
Il a eu aimé.

Nous avons eu aimé.
Vous avez eu aimé.
Ils ont eu aimé.

C 2

FUTUR.

J'aimerai.
Tu aimeras.
Il aimera.
Nous aimerons.
Vous aimerez.
Ils aimeront.

FUTUR PASSÉ.

J'aurai aimé.
Tu auras aimé.
Il aura aimé.
Nous aurons aimé.
Vous aurez aimé.
Ils auront aimé.

CONDITIONNEL.

PRÉSENT.

J'aimerois.
Tu aimerois.
Il aimeroit.
Nous aimerions.
Vous aimeriez.
Ils aimeroient.

PASSÉ.

J'aurois aimé.
Tu aurois aimé.
Il auroit aimé.
Nous aurions aimé.
Vous auriez aimé.
Ils auroient aimé.

On dit aussi : *J'eusse aimé,
tu eusses aimé, il eût aimé,
nous eussions aimé, vous
eussiez aimé, ils eussent aimé.*

IMPÉRATIF.

Point de premiere personne.
Aime.
Qu'il aime.

Aimons.
Aimez.
Qu'ils aiment.

SUBJONCTIF.

PRÉSENT OU FUTUR.

Que j'aime.
Que tu aimes.
Qu'il aime.
Que nous aimions.
Que vous aimiez.
Qu'ils aiment.

IMPARFAIT.

Que j'aimasse.
Que tu aimasses.
Qu'il aimât.
Que nous aimassions.
Que vous aimassiez.
Qu'ils aimassent.

PRÉTÉRIT.

Que j'aye aimé.
Que tu ayes aimé.
Qu'il ait aimé.
Que nous ayons aimé.
Que vous ayez aimé.
Qu'ils ayent aimé.

PLUSQUEPARFAIT.

Que j'eusse aimé.
Que tu eusses aimé.
Qu'il eût aimé.
Que nous eussions aimé.
Que vous eussiez aimé.
Qu'ils eussent aimé.

INFINITIF.

PRÉSENT.

Aimer.

PASSÉ.

Avoir aimé.

PARTICIPE.

PRÉSENT.

Aimant.

PASSÉ.

Aimé, aimée, ayant aimé.

FUTUR.

Devant aimer.

Ainſi ſe conjuguent les verbes *chanter*, *danſer*, *manger*, *appeller*, & tous ceux dont l'infinitif ſe termine en *er*.

SECONDE CONJUGAISON,
EN IR.

INDICATIF.

PRÉSENT.

Je finis.
Tu finis.
Il finit.
Nous finiſſons.
Vous finiſſez.
Ils finiſſent.

IMPARFAIT.

Je finiſſois.
Tu finiſſois.
Il finiſſoit.
Nous finiſſions.
Vous finiſſiez.
Ils finiſſoient.

PRÉTÉRIT DÉFINI.

Je finis.
Tu finis.

Il finit.
Nous finîmes.
Vous finîtes.
Ils finirent.

PRÉTÉRIT INDÉFINI.

J'ai fini.
Tu as fini.
Il a fini.
Nous avons fini.
Vous avez fini.
Ils ont fini.

PRÉTÉRIT ANTÉRIEUR.

J'eus fini.
Tu eus fini.
Il eut fini.
Nous eûmes fini.
Vous eûtes fini.
Ils eurent fini (1).

---

(1) Il y a un quatrieme Prétérit, mais on s'en ſert rarement; le voici :

J'ai eu fini.
Tu as eus fini.
Il a eu fini.

Nous avons eu fini.
Vous avez eu fini.
Ils ont eu fini.

C 3

PLUSQUEPARFAIT.

J'avois fini.
Tu avois fini.
Il avoit fini.
Nous avions fini.
Vous aviez fini.
Ils avoient fini.

FUTUR.

Je finirai.
Tu finiras.
Il finira.
Nous finirons.
Vous finirez.
Ils finiront.

FUTUR PASSÉ.

J'aurai fini.
Tu auras fini.
Il aura fini.
Nous aurons fini.
Vous aurez fini.
Ils auront fini.

CONDITIONNEL.

PRÉSENT.

Je finirois.
Tu finirois.
Il finiroit.
Nous finirions.
Vous finiriez.
Ils finiroient.

PASSÉ.

J'aurois fini.
Tu aurois fini.
Il auroit fini.
Nous aurions fini.
Vous auriez fini.
Ils auroient fini.

On dit aussi: *J'eusse fini,
tu eusses fini, il eût fini,
nous eussions fini, vous eussiez fini, ils eussent fini.*

IMPÉRATIF.

Point de premiere personne.
Finis.
Qu'il finisse.
Finissons.
Finissez.
Qu'ils finissent.

SUBJONCTIF.

PRÉSENT OU FUTUR.

Que je finisse.
Que tu finisses.
Qu'il finisse.
Que nous finissions.
Que vous finissiez.
Qu'ils finissent.

IMPARFAIT.

Que je finisse.
Que tu finisses.
Qu'il finît.
Que nous finissions.
Que vous finissiez.
Qu'ils finissent.

PRÉTÉRIT.

Que j'aye fini.
Que tu ayes fini.
Qu'il ait fini.
Que nous ayons fini.
Que vous ayez fini.
Qu'ils ayent fini.

PLUSQUEPARFAIT.

Que j'eusse fini.
Que tu eusses fini.
Qu'il eût fini.

Que nous euffions fini.
Que vous euffiez fini.
Qu'ils euffent fini.

INFINITIF.
PRÉSENT.
Finir.
PRÉTÉRIT.
Avoir fini.

PARTICIPE.
PRÉSENT.
Finiffant.
PASSÉ.
Fini, finie, ayant fini.
FUTUR.
Devant finir.

Ainfi fe conjuguent *avertir*, *guérir*, *enfeve-lir*, *benir* ; mais ce dernier a deux participes, *benit*, *benite*, pour les chofes confacrées par les prieres des Prêtres : *beni*, *benie* par-tout ailleurs. *Haïr* ; mais ce verbe fait au préfent de l'indicatif je *hais*, tu *hais*, il *hait*, on prononce, je *hès*, tu *hès*, il *hèt*.

TROISIEME CONJUGAISON,
EN OIR.

INDICATIF.
PRÉSENT.
Je reçois.
Tu reçois.
Il reçoit.
Nous recevons.
Vous recevez.
Ils reçoivent.
IMPARFAIT.
Je recevois.
Tu recevois.
Il recevoit.
Nous recevions.

Vous receviez.
Ils recevoient.
PRÉTÉRIT DÉFINI.
Je reçus.
Tu reçus.
Il reçut.
Nous reçûmes.
Vous reçûtes.
Ils reçurent.
PRÉTÉRIT INDÉFINI.
J'ai reçu.
Tu as reçu.
Il a reçu.

C 4

Nous avons reçu.

Vous avez reçu.

Ils ont reçu.

PRÉTÉRIT ANTÉRIEUR.

J'eus reçu.

Tu eus reçu.

Il eut reçu.

Nous eûmes reçu.

Vous eûtes reçu.

Ils curent reçu (1).

PLUSQUEPARFAIT.

J'avois reçu.

Tu avois reçu.

Il avoit reçu.

Nous avions reçu.

Vous aviez reçu.

Ils avoient reçu.

FUTUR.

Je recevrai.

Tu recevras.

Il recevra.

Nous recevrons.

Vous recevrez.

Ils recevront.

FUTUR PASSÉ.

J'aurai reçu.

Tu auras reçu.

Il aura reçu.

Nous aurons reçu.

Vous aurez reçu.

Ils auront reçu.

CONDITIONNEL.

PRÉSENT.

Je recevrois.

Tu recevrois.

Il recevroit.

Nous recevrions.

Vous recevriez.

Ils recevroient.

PASSÉ.

J'aurois reçu.

Tu aurois reçu.

Il auroit reçu.

Nous aurions reçu.

Vous auriez reçu.

Ils auroient reçu.

On dit aussi : *J'eusse reçu, tu eusses reçu, il eût reçu, nous eussions reçu, vous eussiez reçu, ils eussent reçu.*

IMPÉRATIF.

Point de premiere personne.

Reçois.

Qu'il reçoive.

Recevons.

Recevez.

Qu'ils reçoivent.

SUBJONCTIF.

PRÉSENT OU FUTUR.

Que je reçoive.

Que tu reçoives.

Qu'il reçoive.

---

(1) Il y a un quatrieme prétérit, mais on s'en sert rarement ; le voici :

J'ai eu reçu.	Nous avons eu reçu.
Tu as eu reçu.	Vous avez eu reçu.
Il a eu reçu.	Ils ont eu reçu.

Que nous recevions.
Que vous receviez.
Qu'ils reçoivent.

IMPARFAIT.

Que je reçusse.
Que tu reçusses.
Qu'il reçût.
Que nous reçussions.
Que vous reçussiez.
Qu'ils reçussent.

PRÉTÉRIT.

Que j'aye reçu.
Que tu ayes reçu.
Qu'il ait reçu.
Que nous ayons reçu.
Que vous ayez reçu.
Qu'ils ayent reçu.

PLUSQUEPARFAIT.

Que j'eusse reçu.
Que tu eusses reçu.
Qu'il eût reçu.
Que nous eussions reçu.
Que vous eussiez reçu.
Qu'ils eussent reçu.

INFINITIF.

PRÉSENT.

Recevoir.

PRÉTÉRIT.

Avoir reçu.

PARTICIPE.

PRÉSENT.

Recevant.

PASSÉ.

Reçu, reçue, ayant reçu.

FUTUR.

Devant recevoir.

Ainsi se conjuguent *appercevoir*, *concevoir*, *devoir*, *percevoir*.

QUATRIEME CONJUGAISON,

EN RE.

INDICATIF.

PRÉSENT.

Je rends.
Tu rends.
Il rend.
Nous rendons.
Vous rendez.
Ils rendent.

IMPARFAIT.

Je rendois.
Tu rendois.
Il rendoit.
Nous rendions.
Vous rendiez.
Ils rendoient.

PRÉTÉRIT DÉFINI.

Je rendis.
Tu rendis.
Il rendit.
Nous rendimes.
Vous rendîtes.
Ils rendirent.

PRÉTÉRIT INDÉFINI.

J'ai rendu.
Tu as rendu.
Il a rendu.
Nous avons rendu.
Vous avez rendu.
Ils ont rendu.

PRÉTÉRIT ANTÉRIEUR.

J'eus rendu.
Tu eus rendu.
Il eut rendu.
Nous eûmes rendu.
Vous eûtes rendu.
Ils eurent rendu (1).

PLUSQUEPARFAIT.

J'avois rendu.
Tu avois rendu.
Il avoit rendu.
Nous avions rendu.
Vous aviez rendu.
Ils avoient rendu.

FUTUR.

Je rendrai.
Tu rendras.
Il rendra.
Nous rendrons.
Vous rendrez.
Ils rendront.

---

(1) Il y a un quatrieme Prétérit, mais on s'en sert rarement ;
le voici :

J'ai eu rendu.
Tu as eu rendu.
Il a eu rendu.
Nous avons eu rendu.
Vous avez eu rendu.
Ils ont eu rendu.

FUTUR PASSÉ.

J'aurai rendu.
Tu auras rendu.
Il aura rendu.
Nous aurons rendu.
Vous aurez rendu.
Ils auront rendu.

CONDITIONNEL.

PRÉSENT.

Je rendrois.
Tu rendrois.
Il rendroit.
Nous rendrions.
Vous rendriez.
Ils rendroient.

PASSÉ.

J'aurois rendu.
Tu aurois rendu.
Il auroit rendu.
Nous aurions rendu.
Vous auriez rendu.
Ils auroient rendu.

On dit aussi j'eusse rendu, tu eusses rendu, il eût rendu, nous eussions rendu, vous eussiez rendu, ils eussent rendu.

IMPÉRATIF.

Point de premiere personne.
Rends.
Qu'il rende.
Rendons.
Rendez.
Qu'ils rendent.

SUBJONCTIF.

PRÉSENT OU FUTUR.

Que je rende.
Que tu rendes.
Qu'il rende.
Que nous rendions.
Que vous rendiez.
Qu'ils rendent.

IMPARFAIT.

Que je rendisse.
Que tu rendisses.
Qu'il rendît.
Que nous rendissions.
Que vous rendissiez.
Qu'ils rendissent.

PRÉTÉRIT.

Que j'aye rendu.
Que tu ayes rendu.
Qu'il ait rendu.
Que nous ayons rendu.
Que vous ayez rendu.
Qu'ils ayent rendu.

PLUSQUEPARFAIT.

Que j'eusse rendu.
Que tu eusses rendu.
Qu'il cût rendu.
Que nous eussions rendu.
Que vous eussiez rendu.
Qu'il eussent rendu.

INFINITIF.

PRÉSENT.

Rendre.

PRÉTÉRIT.

Avoir rendu.

PARTICIPE.   FUTUR.
PRÉSENT.

Rendant.   Devant rendre.
       PASSÉ.

Rendu , rendue , ayant
   rendu.

Ainsi se conjuguent *attendre, entendre, répondre, vendre.*

Des Temps primitifs.

On appelle *temps primitifs* d'un verbe ceux qui servent à former les autres temps dans les quatre conjugaisons.

TABLEAU DES TEMPS PRIMITIFS.

	Présent de l'Infinitif.	Participe présent.	Participe passé.	Présent de l'Indicatif.	Prétérit de l'Indicatif.
PREMIERE CONJUGAISON.	Aimer.	Aimant.	Aimé.	J'aime.	J'aimai.
SECONDE CONJUGAISON.	Finir.	Finissant.	Fini.	Je finis.	Je finis.
	Sentir.	Sentant.	Senti.	Je sens.	Je sentis.
	Ouvrir.	Ouvrant.	Ouvert.	J'ouvre.	J'ouvris.
	Tenir.	Tenant.	Tenu.	Je tiens.	Je tins.
TROISIEME CONJUGAISON.	Recevoir.	Recevant.	Reçu.	Je reçois.	Je reçus.
QUATRIEME CONJUGAISON.	Rendre.	Rendant.	Rendu.	Je rends.	Je rendis.
	Plaire.	Plaisant.	Plu.	Je plais.	Je plus.
	Paroître.	Paroissant.	Paru.	Je parois.	Je parus.
	Réduire.	Réduisant.	Réduit.	Je réduis.	Je réduisis.
	Plaindre.	Plaignant.	Plaint.	Je plains.	Je plaignis.

I.

Du préfent de l'indicatif fe forme l'impératif, en ôtant feulement le pronom *je*, exemples : *j'aime*, impératif *aime*; *je finis*, imp. *finis*; *je reçois*, imp. *reçois*; *je rends*, imp. *rends*.

Il y a quatre verbes exceptés; *je fuis*, imp. *fois*; *j'ai*, imp. *aye*; *je vais*, imp. *va*; *je fais*, imp. *fache*.

II.

Du prétérit de l'indicatif fe forme l'imparfait du fubjonctif, en changeant *ai* en *affe* pour la premiere conjugaifon : *j'aimai*, imparf. du fubj. *que j'aimaffe*; & en ajoutant feulement *fe* pour les trois autres conjugaifons : *je finis*, *je finiffe*; *je reçus*, *je reçuffe*; *je rendis*, *je rendiffe*.

III.

Du préfent de l'infinitif on forme :

1°. le futur de l'indicatif, en changeant *r* ou *re* en *rai*, exemples : *aimer*, *j'aimerai*; *finir*, *je finirai*; *rendre*, *je rendrai*.

Exceptions.

Premiere conjugaifon. *Aller*, futur, *j'irai*; *envoyer*, *j'enverrai*.

Seconde conjugaifon. *Tenir*, futur, *je tiendrai*; *venir*, *je viendrai*; *courir*, *je courrai*;

cueillir, *je cueillerai* ; *mourir*, *je mourrai* ; *acque-rir*, *j'acquerrai*.

Troisieme conjugaison. Recevoir, futur, *je recevrai* ; *avoir*, *j'aurai* ; *échoir*, *j'écherrai* ; *pou-voir*, *je pourrai* ; *savoir*, *je saurai* ; *s'asseoir*, *je m'asseyerai* ; *voir*, *je verrai* ; *vouloir*, *je vou-drai* ; *valoir*, *je vaudrai* ; *falloir*, *il faudra* ; *pleuvoir*, *il pleuvra*.

Quatrieme conjugaison. Faire, futur, *je ferai* ; *être*, *je serai*.

2°. Du futur de l'indicatif on forme le conditionnel présent, en changeant *rai* en *rois* sans exception : *j'aimerai*, conditionnel, *j'aimerois* ; *je finirai*, *je finirois* ; *je recevrai*, *je recevrois* ; *je rendrai*, *je rendrois*.

IV.

Du participe présent on forme :

1°. L'imparfait de l'indicatif, en changeant *ant* en *ois* : *aimant*, imparfait, *j'aimois* ; *finis-sant*, *je finissois* ; *recevant*, *je recevois* ; *rendant*, *je rendois*.

Exceptions.

Il n'y a que deux exceptions : *ayant*, *j'a-vois* ; *sachant*, *je savois*.

2°. Du même participe on forme la pre-miere personne pluriele du présent de l'in-dicatif, en changeant *ant* en *ons* : *aimant*, *nous aimons* ; *finissant*, *nous finissons* ; *recevant*, *nous recevons* ; *rendant*, *nous rendons*.

Excepté : *étant, nous sommes ; ayant, nous avons ; sachant, nous savons.*

On forme aussi la seconde personne pluriele en *ez* : *vous aimez, vous finissez, vous recevez, vous rendez.*

Excepté : *faisant, vous faites ; disant, vous dites.*

Et la troisieme personne en *ent* : *ils aiment, ils finissent, &c.*

3°. Du même participe présent on forme le présent du subjonctif, en changeant *ant* en *e* muet : *aimant, que j'aime ; finissant, que je finisse ; rendant, que je rende.*

Exceptions.

Premiere conjugaison. *Allant, que j'aille.*

Seconde conjugaison. *Tenant, que je tienne ; venant, que je vienne ; acquerant, que j'acquierre.*

Troisieme conjugaison. *Recevant, que je reçoive ; pouvant, que je puisse ; valant, que je vaille ; voulant, que je veuille* (1) *; mouvant, que je meuve ; fallant, qu'il faille.*

Quatrieme conjugaison. *Buvant, que je boive ; faisant, que je fasse ; étant, que je sois.*

V.

Du participe passé on forme tous les temps composés (de deux mots), en y joignant les temps des verbes auxiliaires *avoir, être ;* comme

---

(1) *Que tu veuilles, qu'il veuille, que nous voulions, que vous vouliez, qu'ils veuillent.*

j'ai

j'ai aimé, j'ai fini, j'ai reçu, j'ai rendu ; j'avois
aimé, j'avois fini, j'avois reçu, j'avois rendu ;
j'aurai aimé, j'aurai fini, j'aurai reçu, j'aurai
rendu ; que j'euffe aimé, que j'euffe fini, que
j'euffe reçu, que j'euffe rendu, &c.

Verbes irréguliers.

On appelle *irréguliers* les verbes qui ne
fuivent pas toujours la regle générale des
conjugaifons.

Plufieurs de ces verbes ne font pas ufités
à certains temps & à certaines perfonnes.

TEMPS PRIMITIFS
DES VERBES IRRÉGULIERS.

Préfent de l'Infinitif.	Participe préfent.	Participe paffé.	Préfent de l'Indicatif.	Prétérit de l'Indicatif.
PREMIERE CONJUGAISON.				
Aller.	Allant.	Allé.	Je vais.	J'allai.
Puer.	Puant.	Pué.	Je pus.	Je puai.
SECONDE CONJUGAISON.				
Courir.	Courant.	Couru.	Je cours.	Je courus.
Cueillir.	Cueillant.	Cueilli.	Je cueille.	Je cueillis.
Fuir.	Fuyant.	Fui.	Je fuis.	Je fuis.
Mourir.	Mourant.	Mort.	Je meurs.	Je mourus.

D

Suite de la seconde Conjugaison.				
Présent de l'Infinitif.	Participe présent.	Participe passé.	Présent de l'Indicatif.	Prétérit de l'Indicatif.
Faillir. Acquérir. Saillir. Treffaillir. Vêtir. Revêtir.	Acquérant. Saillant. Treffaillant. Vêtant. Revêtant.	Failli. Acquis. Sailli. Treffailli. Vêtu. Revêtu.	J'acquiers. Il saille. Je treffaille. Je vêts. Je revêts.	Je faillis. J'acquis. Il saillit. Je treffaillis. Je vêtis. Je revêtis.

TROISIEME CONJUGAISON.

Choir. Déchoir. Echoir. Falloir. Mouvoir. Pleuvoir. Pouvoir. Savoir. S'asseoir. Surseoir. Valoir. Voir. Pourvoir. Vouloir.	Echéant. Mouvant. Pleuvant. Pouvant. Sachant. S'asseyant. Valant. Voyant. Pourvoyant. Voulant.	Déchu. Echu. Fallu. Mu. Plu. Pu. Su. Assis. Sursis. Valu. Vu. Pourvu. Voulu.	Je déchois. Il échet. Il faut. Je meus. Il pleut. Je puis. Je fais. Je m'assieds. Je surfois. Je vaux. Je vois. Je pourvois. Je veux.	Je déchus. J'échus. Il fallut. Je mus. Il plut. Je pus. Je fus. Je m'assis. Je fursis. Je valus. Je vis. Je pourvus. Je voulus.

QUATRIEME CONJUGAISON.

Battre. Boire. Braire. Bruire. Circoncire. Clore, clorre Conclure. Confire.	Battant. Buvant. Bruyant. Concluant.	Battu, Bu. Circoncis. Clos. Conclu. Confit.	Je bats. Je bois. Il brait. Je circoncis. Je clos. Je conclus. Je confis.	Je battis. Je bus. Je circoncis. Je conclus. Je confis.

Suite de la quatrieme Conjugaison.

Infinitif présent.	Participe présent.	Participe passé.	Présent de l'Indicatif.	Prétérit de l'Indicatif.
Coudre.	Cousant	Cousu.	Je couds.	Je cousis.
Croire.	Croyant.	Cru.	Je crois.	Je crus.
Dire.	Disant.	Dit.	Je dis.	Je dis.
Maudire.	Maudissant.	Maudit.	Je maudis.	Je maudis.
Ecrire.	Ecrivant.	Ecrit.	J'écris.	J'écrivis.
Exclure.	Excluant.	Exclus.	J'exclus.	J'exclus.
Faire.	Faisant.	Fait.	Je fais.	Je fis.
Prendre.	Prenant.	Pris.	Je prends.	Je pris.
Lire.	Lisant.	Lu.	Je lis.	Je lus.
Luire.	Luisant.	Lui.	Je luis.	
Mettre.	Mettant.	Mis.	Je mets.	Je mis.
Moudre.	Moulant.	Moulu.	Je mouds.	Je moulus.
Naître.	Naissant.	Né.	Je nais.	Je naquis.
Nuire.	Nuisant.	Nui.	Je nuis.	Je nuisis.
Rire.	Riant.	Ri.	Je ris.	Je ris.
Rompre.	Rompant.	Rompu.	Je romps.	Je rompis.
Absoudre.	Absolvant.	Absous.	J'absous.	
Résoudre.	Résolvant.	résous, resolu	Je résous.	Je résolus.
Suffire.	Suffisant.	Suffi.	Je suffis.	Je suffis.
Suivre.	Suivant.	Suivi.	Je suis.	Je suivis.
Traire.	Trayant.	Trait.	Je trais.	
Vaincre.	Vainquant.	Vaincu.	Je vaincs.	Je vainquis.
Vivre.	Vivant.	Vécu.	Je vis.	Je vécus.

Nous ne marquons pas les verbes *composés*, parce qu'ils suivent la conjugaison de leurs *simples :* par exemple , les composés *promettre* , *admettre* , &c. se conjuguent comme le verbe simple *mett*.

Au moyen de cette table , & des regles que nous avons données fur la formation des temps , il n'y a point de verbe qu'on ne puisse conjuguer.

Accord des Verbes avec leur nominatif ou sujet.

On appelle *sujet* ou *nominatif* d'un verbe ce qui est ou ce qui fait la chose qu'exprime le verbe. On trouve le nominatif en mettant *qui est-ce qui ?* devant le verbe. La réponse à cette question indique le *nominatif*, quand je dis : *l'enfant est sage. Qui est-ce qui est sage ?* Réponse : *l'enfant ;* voilà le nominatif ou sujet du verbe *est. Le lievre court. Qui est-ce qui court ?* Rép. *le lievre :* voilà le nominatif du verbe *court.*

Regle.

Tout verbe doit être du même nombre & de la même personne que son nominatif ou sujet.

Exemple.

Je parle : parle est du nombre singulier & de la premiere personne, parce que *je,* son nominatif, est du singulier & de la premiere personne. *Vous parlez tous deux : parlez* est au nombre pluriel & de la seconde personne, parce que *vous* est au nombre pluriel & de la seconde personne.

Premiere remarque. Quand un verbe a deux sujets singuliers, on met ce verbe au pluriel.

Exemple.

Mon frere & ma sœur lisent.

Deuxieme remarque. Quand les deux sujets

font de différentes perfonnes, on met le
verbe à la plus noble perfonne : la premiere
eft plus noble que la feconde, la feconde
eft plus noble que la troifieme.

Exemples.

Vous & moi nous lifons.

Vous & votre frere vous lifez.

(La politeffe françoife veut qu'on nomme
d'abord la perfonne à qui l'on parle, & qu'on
fe nomme le dernier.)

RÉGIME DES VERBES ACTIFS.

On appelle verbe *actif* celui après lequel
on peut mettre, *quelqu'un, quelque chofe. Aimer*
eft un verbe actif, parce qu'on peut dire :
aimer quelqu'un. Par exemple, *j'aime Dieu ;*
ce mot qui fuit le verbe actif s'appelle *le
régime* de ce verbe. On connoît le régime en
faifant la queftion *qu'eft-ce que ?* Exemple.
Qu'eft-ce que j'aime ? Réponfe. *Dieu. Dieu* eft
le régime du verbe *j'aime.*

Regle.

Le régime d'un verbe actif fe place ordinairement après le verbe (quand ce n'eft pas
un pronom).

Exemples.

J'aime Dieu.

Le chat mange la souris : la souris est le régime du verbe *mange.*

Mais quand le régime est un pronom, il se met devant le verbe.

Exemple.

Je vous *aime,* pour *j'aime* vous ; *il* m'aime, pour *il aime* moi.

Remarque. Outre ce premier régime, qu'on appelle *direct,* certains verbes actifs peuvent avoir un second régime, qu'on appelle *indirect :* ce second régime se marque par les mots *à de* ou : comme, *donner une image à l'enfant ; enseigner la grammaire à l'enfant ; écrire une lettre à son ami : à l'enfant,* est le régime indirect des verbes *donner, enseigner ; à son ami,* est le régime indirect du verbe *écrire. Accuser quelqu'un de mensonge ; avertir quelqu'un d'une faute ; délivrer quelqu'un du danger : de mensonge,* est le régime indirect du verbe *accuser.*

Tout verbe actif a un passif : ce passif se forme en prenant le régime *direct* de l'actif, pour en faire le nominatif du verbe passif ; & en ajoutant après le verbe le mot *par* ou *de.* Ainsi pour tourner par le passif cette phrase : *le chat mange la souris,* dites : *la souris est mangée* par *le chat ; j'aime mon pere tendrement,* dites : *mon pere est tendrement aimé* de *moi.*

CONJUGAISON DES VERBES PASSIFS.

IL n'y a qu'une feule conjugaifon pour tous les verbes paffifs ; elle fe fait avec l'auxiliaire *être* dans tous fes temps , & le participe paffé du verbe qu'on veut conjuguer.

INDICATIF.
PRÉSENT.

Je fuis aimé, *ou* aimée.

Tu es aimé, *ou* aimée.

Il eft aimé, *ou* elle eft aimée.

Nous fommes aimés, *ou* aimées.

Vous êtes aimés, *ou* aimées.

Ils font aimés, *ou* elles font aimées.

IMPARFAIT.

J'étois aimé, *ou* aimée.

Tu étois aimé, *ou* aimée.

Il étoit aimé, *ou* elle étoit aimée.

Nous étions aimés, *ou* aimées.

Vous étiez aimés, *ou* aimées.

Ils étoient aimés, *ou* elles étoient aimées.

PRÉTÉRIT DÉFINI.

Je fus aimé, *ou* aimée.

Tu fus aimé, *ou* aimée.

Il fut aimé, *ou* elle fut aimée.

Nous fûmes aimés, *ou* aimées.

Vous fûtes aimés, *ou* aimées.

Ils furent aimés, *ou* elles furent aimées.

PRÉTÉRIT INDÉFINI.

J'ai été aimé, *ou* aimée.

Tu as été aimé, *ou* aimée.

Il a été aimé, *ou* elle a été aimée.

Nous avons été aimés, *ou* aimées.

Vous avez été aimés, *ou* aimées.

Ils ont été aimés, *ou* elles ont été aimées.

PRÉTÉRIT ANTÉRIEUR.

J'eus été aimé, *ou* aimée.

Tu eus été aimé, *ou* aimée.

Il eut été aimé, *ou* elle eut été aimée.

Nous eûmes été aimés, *ou* aimées.

Vous eûtes été aimés, *ou* aimées.

Ils eurent été aimés, *ou* elles eurent été aimées.

PLUSQUEPARFAIT.

J'avois été aimé, *ou* aimée.

Tu avois été aimé, *ou* aimée.

Il avoit été aimé, *ou* elle avoit été aimée.

Nous avions été aimés, *ou* aimées.

Vous aviez été aimés, *ou* aimées.

Ils avoient été aimés, *ou* elles avoient été aimées.

FUTUR.

Je serai aimé, *ou* aimée.

Tu seras aimé, *ou* aimée.

Il sera aimé, *ou* elle sera aimée.

Nous serons aimés, *ou* aimées.

Vous serez aimés, *ou* aimées.

Ils seront aimés, *ou* elles seront aimées.

FUTUR PASSÉ.

J'aurai été aimé, *ou* aimée.

Tu auras été aimé, *ou* aimée.

Il aura été aimé, *ou* elle aura été aimée.

Nous aurons été aimés, *ou* aimées.

Vous aurez été aimés, *ou* aimées.

Ils auront été aimés, *ou* elles auront été aimées.

CONDITIONNEL.

PRÉSENT.

Je serois aimé, *ou* aimée.

Tu serois aimé, *ou* aimée.

Il seroit aimé, *ou* elle seroit aimée.

Nous serions aimés, *ou* aimées.

Vous seriez aimés, *ou* aimées.

Ils seroient aimés, *ou* elles seroient aimées.

PASSÉ.

J'aurois été aimé, *ou* aimée.

Tu aurois été aimé, *ou* aimée.

Il auroit été aimé, *ou* elle auroit été aimée.

Nous aurions été aimés, *ou* aimées.

Vous auriez été aimés, *ou* aimées.

Ils auroient été aimés, *ou* elles auroient été aimées.

On dit aussi : *j'eusse été aimé, ou aimée, tu eusses été aimé, ou aimée, il eût été aimé, ou elle eût été aimée, nous eussions été aimés, ou aimées, vous eussiez été aimés, ou aimées, ils eussent été aimés, ou elles eussent été aimées.*

IMPÉRATIF.

IMPÉRATIF.

Point de premiere personne.
Sois aimé, *ou* aimée.
Qu'il soit aimé, *ou* qu'elle soit aimée.
Soyons aimés, *ou* aimées.
Soyez aimés, *ou* aimées.
Qu'ils soient aimés, *ou* qu'elles soient aimées.

SUBJONCTIF.

PRÉSENT, OU FUTUR.

Que je sois aimé, *ou* aimée.
Que tu sois aimé, *ou* aimée.
Qu'il soit aimé, *ou* qu'elle soit aimée.
Que nous soyons aimés, *ou* aimées.
Que vous soyez aimés, *ou* aimées.
Qu'ils soient aimés, *ou* qu'elles soient aimées.

IMPARFAIT.

Que je fusse aimé, *ou* aimée.
Que tu fusses aimé, *ou* aimée.
Qu'il fût aimé, *ou* qu'elle fût aimée.
Que nous fussions aimés, *ou* aimées.

Que vous fussiez aimés, *ou* aimées.
Qu'ils fussent aimés, *ou* qu'elles fussent aimées.

PRÉTÉRIT.

Que j'aye été aimé, *ou* aimée.
Que tu ayes été aimé, *ou* aimée.
Qu'il ait été aimé, *ou* qu'elle ait été aimée.
Que nous ayons été aimés, *ou* aimées.
Que vous ayez été aimés, *ou* aimées.
Qu'ils ayent été aimés, *ou* qu'elles ayent été aimées.

PLUSQUEPARFAIT.

Que j'eusse été aimé, *ou* aimée.
Que tu eusses été aimé, *ou* aimée.
Qu'il eût été aimé, *ou* qu'elle eût été aimée.
Que nous eussions été aimés, *ou* aimées.
Que vous eussiez été aimés, *ou* aimées.
Qu'ils eussent été aimés, *ou* qu'elles eussent été aimées

INFINITIF.

PRÉSENT.

Être aimé, *ou* aimée.

PRÉTÉRIT.

Avoir été aimé, *ou* aimée.

E

PARTICIPE.

PRÉSENT.

Étant aimé, *ou aimée*.

PASSÉ.

Ayant été aimé, *ou aimée*.

FUTUR.

Devant être aimé, *ou aimée*.

Ainſi ſe conjuguent *être fini, être reçu, être rendu,* &c. &c. &c.

RÉGIME DES VERBES PASSIFS.

Regle.

On met *de* ou *par* devant le nom ou pronom qui ſuit le verbe paſſif.

Exemples.

La ſouris eſt mangée par *le chat.*
Un enfant ſage eſt aimé de *ſes parens.*

Remarque. N'employez jamais *par* avec le nom *Dieu,* dites :
Les méchans ſeront punis de *Dieu,* & non pas *ſeront punis* par *Dieu.*

VERBES NEUTRES.

ON appelle *neutres,* les verbes après leſquels on ne peut pas mettre *quelqu'un,* ni *quelque choſe: languir, dormir* ſont des verbes neutres, parce qu'on ne peut pas dire, *languir quelqu'un, dormir quelque choſe,* &c. (On les appelle *neutres,* parce qu'ils ne ſont ni *actifs,* ni *paſſifs*).

La plupart des verbes neutres se conjuguent, comme les verbes actifs, avec l'auxiliaire *avoir : je dors , j'ai dormi , j'avois dormi , j'aurois dormi* , &c.

Mais il y a des verbes neutres qui se conjuguent dans leurs temps composés avec l'auxiliaire *être*, comme *venir , arriver , tomber,* &c.

CONJUGAISON DES VERBES NEUTRES.

INDICATIF.
PRÉSENT.

Je tombe.
Tu tombes.
Il , *ou* elle tombe.
Nous tombons.
Vous tombez.
Ils , *ou* elles tombent.

IMPARFAIT.

Je tombois.
Tu tombois.
Il , *ou* elle tomboit.
Nous tombions.
Vous tombiez.
Ils , *ou* elles tomboient.

PRÉTÉRIT DÉFINI.

Je tombai.
Tu tombas.
Il tomba.
Nous tombâmes.
Vous tombâtes.
Ils tombèrent.

PRÉTÉRIT INDÉFINI.

Je suis tombé , *ou* tombée.
Tu es tombé , *ou* tombée.

Il est tombé , *ou* elle est tombée.
Nous sommes tombés , *ou* tombées.
Vous êtes tombés , *ou* tombées.
Ils sont tombés , *ou* elles sont tombées.

PRÉTÉRIT ANTÉRIEUR.

Je fus tombé , *ou* tombée.
Tu fus tombé , *ou* tombée.
Il fut tombé , *ou* elle fut tombée.
Nous fûmes tombés , *ou* tombées.
Vous fûtes tombés , *ou* tombées.
Ils furent tombés , *ou* elles furent tombées.

PLUSQUEPARFAIT.

J'étois tombé , *ou* tombée.
Tu étois tombé , *ou* tombée.
Il étoit tombé , *ou* elle étoit tombée.

Nous étions tombés , *ou* tombées.

Vous étiez tombés , *ou* tombées.

Ils étoient tombés , *ou* elles étoient tombées.

FUTUR,

Je tomberai.

Tu tomberas.

Il , *ou* elle tombera.

Nous tomberons.

Vous tomberez.

Ils , *ou* elles tomberont.

FUTUR PASSÉ.

Je serai tombé , *ou* tombée.

Tu seras tombé , *ou* tombée.

Il sera tombé , *ou* elle sera tombée.

Nous serons tombés , *ou* tombées.

Vous serez tombés , *ou* tombées.

Ils seront tombés , *ou* elles seront tombées.

CONDITIONNEL.

PRÉSENT.

Je tomberois.

Tu tomberois.

Il , *ou* elle tomberoit.

Nous tomberions.

Vous tomberiez.

Ils , *ou* elles tomberoient.

PASSÉ.

Je serois tombé , *ou* tombée.

Tu serois tombé , *ou* tombée.

Il seroit tombé , *ou* elle seroit tombée.

Nous serions tombés , *ou* tombées.

Vous seriez tombés , *ou* tombées.

Ils seroient tombés , *ou* elles seroient tombées.

On dit aussi : *je fusse tombé , ou tombée , tu fusses tombé , ou tombée , il fût tombé , ou elle fût tombée , nous fussions tombés , ou tombées , vous fussiez tombés , ou tombées , ils fussent tombés , ou elles fussent tombées.*

IMPÉRATIF.

Point de premiere personne.

Tombe.

Qu'il , *ou* qu'elle tombe.

Tombons.

Tombez.

Qu'ils, *ou* qu'elles tombent.

SUBJONCTIF.

PRÉSENT OU FUTUR.

Que je tombe.

Que tu tombes.

Qu'il , *ou* qu'elle tombe.

Que nous tombions.

Que vous tombiez.

Qu'ils, *ou* qu'elles tombent.

IMPARFAIT.

Que je tombasse.

Que tu tombasses.

Qu'il, *ou* qu'elle tombât.
Que nous tombassions.
Que vous tombassiez.
Qu'ils, *ou* qu'elles tombassent.

PRÉTÉRIT.

Que je sois tombé, *ou* tombée.

Que tu sois tombé, *ou* tombée.

Qu'il soit tombé, *ou* qu'elle soit tombée.

Que nous soyons tombés, *ou* tombées.

Que vous soyez tombés, *ou* tombées.

Qu'ils soient tombés, ou qu'elles soient tombées.

PLUSQUEPARFAIT.

Que je fusse tombé, *ou* tombée.

Que tu fusses tombé, *ou* tombée.

Qu'il fût tombé, *ou* qu'elle fût tombée.

Que nous fussions tombés, *ou* tombées.

Que vous fussiez tombés, *ou* tombées.

Qu'ils fussent tombés, *ou* qu'elles fussent tombées.

INFINITIF.

PRÉSENT.

Tomber.

PRÉTÉRIT.

Être tombé, *ou* tombée.

PARTICIPE.

PRÉSENT.

Tombant.

PASSÉ.

Tombé, tombée, étant tombé.

FUTUR.

Devant tomber.

Conjuguez de même les verbes *aller, arriver, déchoir, décéder, entrer, sortir, mourir, naître, partir, rester, descendre, monter, passer, venir* & ses composés *devenir, survenir, revenir, parvenir,* &c. &c.

Il y a des verbes neutres qui ont un régime.

RÉGIME DES VERBES NEUTRES.

Régle.

On met *à* ou *de* devant le nom ou pronom qui suit le verbe neutre.

Exemples.

A	DE
Nuire à *la santé.*	*Médire* de *quelqu'un.*
Plaire au *Roi.*	*Profiter* des *leçons.*
Convenir à *quelqu'un.*	*Jouir* de *la liberté.*

VERBES RÉFLÉCHIS.

ON appelle Verbes *réfléchis*, ceux dont le nominatif & le régime font la même perfonne, comme *je me flatte, tu te loues, il fe bleffe,* &c.

Les Verbes *réfléchis* fe conjuguent comme le verbe *tomber*, c'est-à-dire, qu'ils prennent l'auxiliaire *être* aux temps compofés. Nous ne mettrons ici que les premieres perfonnes.

CONJUGAISON DES VERBES RÉFLÉCHIS.

INDICATIF.
PRÉSENT.

Je me repens.
Tu te repens.
Il, *ou* elle fe repent.
Nous nous repentons.
Vous vous repentez.
Ils, *ou* elles fe repentent.

IMPARFAIT.
Je me repentois, &c.

PRÉTÉRIT INDÉFINI.
Je me repentis, &c.

PRÉTÉRIT DÉFINI.
Je me fuis repenti, *ou* repentie.

PRÉTÉRIT ANTÉRIEUR.
Je me fus repenti, *ou* repentie.

PLUSQUEPARFAIT.
Je m'étois repenti, *ou* repentie.

FUTUR.
Je me repentirai.

FUTUR PASSÉ.
Je me serai repenti, *ou* repentie.

CONDITIONNEL.
PRÉSENT.
Je me repentirois.

PASSÉ.
Je me serois repenti, *ou* repentie.
On dit aussi : *je me fusse repenti*, *ou* *repentie*.

IMPÉRATIF.
Point de premiere personne.
Repens-toi.
Qu'il, *ou* qu'elle se repente.
Repentons-nous.
Repentez-vous.

Qu'ils, *ou* qu'elles se repentent.

SUBJONCTIF.
PRÉSENT OU FUTUR.
Que je me repente.

IMPARFAIT.
Que je me repentisse.

PRÉTÉRIT.
Que je me sois repenti, *ou* repentie.

PLUSQUEPARFAIT.
Que je me fusse repenti, *ou* repentie.

INFINITIF.
PRÉSENT.
Se repentir.

PRÉTÉRIT.

PARTICIPE.
PRÉSENT.
Se repentant.

PASSÉ.
Repenti, s'étant repenti, *ou* repentie.

FUTUR.
Devant se repentir.

Remarque. Me, *te*, *se*, *nous*, *vous*, qui sont le régime des verbes réfléchis, sont quelquefois régime *direct*, comme dans *je me flatte*, c'est-à-dire : *je flatte* moi; *tu te blesseras*, c'est-à-dire, *tu blesseras* toi, & quelquefois ils sont régime *indirect*, comme dans cet exemple : *je me fais une loi*, c'est-à-dire : *je fais* à moi *une loi*; *il s'est fait honneur*, c'est-à-dire, *il a fait honneur* à soi, &c.

VERBES IMPERSONNELS.

ON appelle *Verbe impersonnel* celui qui ne s'emploie dans tous les temps qu'à la troisieme personne du singulier ; comme *il faut*, *il importe*, *il pleut*, &c. il se conjugue à cette troisieme personne comme les autres verbes.

CONJUGAISON DES VERBES IMPERSONNELS.

INDICATIF.

PRÉSENT.
Il faut.

IMPARFAIT.
Il falloit.

PRÉTÉRIT DÉFINI.
Il fallut.

PRÉTÉRIT INDÉFINI.
Il a fallu.

PRÉTÉRIT ANTÉRIEUR.
Il eut fallu.

PLUSQUEPARFAIT.
Il avoit fallu.

FUTUR.
Il faudra.

FUTUR PASSÉ.
Il aura fallu.

CONDITIONNEL.

PRÉSENT.
Il faudroit.

PASSÉ.
Il auroit fallu.

SUBJONCTIF.

PRÉSENT, ou FUTUR.
Qu'il faille.

IMPARFAIT.
Qu'il fallût.

PRÉTÉRIT.
Qu'il ait fallu.

PLUSQUEPARFAIT.
Qu'il eût fallu.

INFINITIF.

PRÉSENT.
Falloir.

PARTICIPE.

PASSÉ.
Ayant fallu.

Remarque. Le mot *il* ne marque un verbe *impersonnel* que lorsqu'on ne peut pas mettre un nom à fa place ; car lorfqu'en parlant d'un enfant, on dit : *il joue*, ce n'eft pas un imperfonnel, parce qu'à la place du mot *il*, on peut mettre *l'enfant*, & dire : *l'enfant joue*.

CHAPITRE VI.

SIXIEME ESPECE DE MOTS.

Le Participe.

LE *Participe* eft un mot qui tient du verbe & de l'adjectif, comme *aimant*, *aimé* : il tient du verbe en ce qu'il en a la fignification & le régime : *aimant Dieu*, *aimé de Dieu* : il tient auffi de l'adjectif, en ce qu'il qualifie une perfonne ou une chofe, c'eft-à-dire qu'il en marque la qualité.

Accord des participes.

Participe préfent *aimant*, *finiffant*, *recevant*, *rendant*.

Regle. Le participe préfent ne varie jamais, c'eft-à-dire, qu'il ne prend ni genre, ni nombre.

Exemples.

Un homme lifant.	*Une femme* lifant.
Des hommes lifant.	*Des femmes* lifant.

Remarque. Ce qu'on appelle *gérondif* n'eft autre chofe que le participe préfent devant lequel on met le mot *en*, comme ; les *jeunes* gens *se forment l'esprit*, en *lifant de bons livres* (1).

Participe passé, *aimé, fini, reçu, rendu.*

Le participe passé s'accorde ou avec son nominatif, ou avec son régime.

Première regle. Le participe passé, quand il est accompagné du verbe auxiliaire *être*, s'accorde en genre & en nombre avec son nominatif ou sujet, c'est-à-dire, que l'on ajoute *e*, si le sujet est féminin, & *s*, si le sujet est pluriel.

Exemples.

Mon frere a été puni.	*Ma sœur a été* punie.
Mes freres ont été punis.	*Mes sœurs ont été* punies (2).
Mon frere est tombé.	*Ma sœur est* tombée.
Mes freres sont tombés.	*Mes sœurs sont* tombées.

Exception unique. Dans les temps composés des verbes *réfléchis*, le participe ne s'accorde pas avec son nominatif, on dit d'une femme : *elle s'est* mis *cela dans la tête* (& non pas *mise*), *quelques païens se sont* donné *la mort* (& non pas se sont *donnés*).

---

(1) Il ne faut pas confondre avec le participe présent, certains adjectifs verbaux (c'est-à-dire qui viennent des verbes). On dit : *un homme* obligeant, *une femme* obligeante, ce ne sont pas des participes, parce qu'ils n'ont pas de régime; mais quand je dis : *cette femme est d'un bon caractere*, obligeant *tout le monde quand elle peut* ; *obligeant* est ici *participe*, puisqu'il a le régime *tout le monde.*

(2) Le participe *été* n'a ni féminin ni pluriel ; on dit : *elle a été, ils ont été.*

Mais quand le participe passé est accompagné du verbe auxiliaire *avoir*, il ne s'accorde jamais avec son nominatif.

Exemples.

Mon pere a écrit *une lettre*.   Ma mere a écrit *une lettre*.

Mes freres ont écrit *une lettre*.   Mes sœurs ont écrit *une lettre*.

(Le participe ne change point, quoique le nominatif soit masculin ou féminin, singulier ou pluriel (1)).

Deuxieme regle. Le participe passé s'accorde toujours avec son regime *direct*, quand ce régime est devant le participe.

Exemples.

La lettre que vous avez écrite, je l'ai lue.
Les livres que j'avais prêtés, on les a rendus.
Quelle affaire avez-vous entreprise !
Combien d'ennemis n'a-t-il pas vaincus !
Quand la race de Caïn se fut multipliée.....

On voit que le régime mis devant le participe est ordinairement pronom : *que, me, te, se, le, la, les, nous, vous, quels* (2).

_____

(1) Dans cette phrase, *elle s'est blessée*, ce n'est pas avec le nominatif *elle*, mais avec le régime *se* que s'accorde le participe *blessée*.

(2) Autrefois, on mettoit deux exceptions ; 1°. quand le nominatif est après le participe, comme : *la leçon que vous ont donné vos maitres* ; 2°. quand le participe

Mais quand le régime n'est placé qu'après le participe, ce participe ne s'accorde pas avec son régime.

Exemples.

J'ai écrit *une lettre*.   J'ai écrit *des lettres*.
Vous avez acheté *un livre*.   *Vous avez* acheté *des livres.*

(*Écrit*, *acheté* ne changent pas, quoique le régime soit singulier ou pluriel, masculin ou féminin, parce que ce régime est après le participe).

Remarque. On dit sans faire accorder : *les vertus que j'ai* entendu *louer, les vices que j'ai* résolu d'*éviter* : *que* n'est pas ici régime des participes *entendu*, *résolu*, mais des infinitifs suivants, *louer*, *éviter* : pour connoître si le régime dépend du participe, il faut voir si l'on peut mettre ce régime immédiatement après le participe. On ne peut pas dire ici : *j'ai entendu les vertus ; j'ai résolu les vices.*

---

est suivi d'un adjectif qui fait partie du régime, comme *Adam & Eve que Dieu avoit* créé *innocents.* Mais c'est à tort ; il faut dans le premier exemple *donnée*, & dans le second, il faut *créés*.

CHAPITRE VII.

SEPTIEME ESPECE DE MOTS.

La Prépofition.

LA *Prépofition* eft un mot qui fert à joindre le nom ou pronom fuivant au mot qui la précede : par exemple ; quand je dis : *la lumiere du foleil* ; *du* marque le rapport qu'il y a entre *lumiere* & *foleil* : quand je dis ; *utile à l'homme* ; *à* fait rapporter le nom *homme* à l'adjectif *utile* : quand je dis, *j'ai reçu* de *mon pere* ; *de* fert à joindre le nom *pere* au verbe *reçu*, &c. *de*, *à*, font des prépofitions ; le mot qui fuit s'appelle le *régime* de la *prépofition.*

Cette efpece de mots s'appelle *prépofition*, parce qu'elle fe met ordinairement devant le nom qu'elle régit.

PRÉPOSITIONS FRANÇOISES.

Pour marquer la place, ou *le lieu.*

A. Attacher *à* la muraille : vivre *à* Paris : aller *à* Rome.

Dans. Etre *dans* la maifon : ferrer *dans* une caffette.

En. Etre *en* Italie : voyager *en* Allemagne.

De. Sortir *de* la ville : venir *de* la province.

Chez. Etre *chez* le Roi : ce livre eſt *chez* le Libraire.

Devant. Marcher *devant* le Roi : allez *devant* moi.

Après. J'irai *après* vous : courir *après* quelqu'un.

Derriere. Les laquais vont *derriere* leur maître : ſe cacher *derriere* un mur.

Parmi. Cet officier fut trouvé *parmi* les morts.

Sur. Avoir ſon chapeau *ſur* la tête : mettre un flambeau *ſur* la table.

Sous. Mettre un tapis *ſous* les pieds : tout ce qui eſt *ſous* le ciel.

Vers. Les yeux levés *vers* le ciel : l'aimant ſe tourne *vers* le Nord.

Pour marquer l'ordre.

Avant. La nouvelle eſt arrivée *avant* le courrier.

Entre. Tenir un enfant *entre* ſes bras : *entre* Pâques & la Pentecôte.

Dès. Cette riviere eſt navigable *dès* ſa ſource : *dès* ſa plus tendre enfance.

Depuis. Depuis Paris *juſqu'à* Orléans : depuis la création *juſqu'au* déluge.

Pour marquer l'union.

Avec. Manger *avec* ſes amis : il eſt parti *avec* la fievre.

Pendant. *Pendant* la guerre.

Durant. *Durant* la guerre.

Outre. Compagnie de cent hommes *outre* les officiers.

Selon. Se conduire *selon* la raison.

Suivant. Suivant l'Evangile.

Pour marquer séparation.

Sans. Les soldats *sans* leurs officiers.

Hors. Tout est perdu *hors* l'honneur.

Excepté. Tout est perdu *excepté* l'honneur.

Pour marquer opposition.

Contre. Sujets révoltés *contre* le Prince : plaider *contre* quelqu'un.

Malgré. Il est parti *malgré* moi.

Nonobstant. Il a fait cela *nonobstant* mes représentations.

Pour marquer le but.

Envers. Charitables *envers* les pauvres : son respect *envers* ses supérieurs.

Touchant. Il m'a écrit *touchant* cette affaire.

Pour. Travailler *pour* le bien public : étudier *pour* son instruction.

Pour marquer la cause, le moyen.

Par. Fléchir *par* ses prieres : tout a été créé *par* la parole de Dieu.

Moyennant. J'espere *moyennant* la grace de Dieu.

Attendu. Le courrier n'a pu partir, *attendu* le mauvais temps.

CHAPITRE VIII.

HUITIEME ESPECE DE MOTS.

L'Adverbe.

L'*Adverbe* est un mot qui se joint ordinairement au verbe ou à l'adjectif, pour en déterminer la signification ; quand on dit : *cet enfant parle distinctement*, par ce mot *distinctement* l'on fait entendre qu'il parle d'une maniere, plutôt que d'une autre.

1°. Il y a des adverbes qui marquent la *maniere* : ils sont presque tous terminés en *ment* & ils se forment des adjectifs ; comme *sagement* de *sage*, *poliment* de *poli*, *agréablement* d'*agréable*, *modestement* de *modeste*, &c.

2°. Il y a des adverbes qui marquent l'*ordre*, comme *premierement*, *secondement*, *d'abord*, *ensuite*, *auparavant*, exemple: *d'abord il faut éviter le mal*, ensuite *il faut faire le bien*.

3°. Il y a des adverbes qui marquent le *lieu*, comme *où*, *ici*, *là*, *deçà*, *au-delà*, *dessus*, *par-tout*, *auprès*, *loin*, *dedans*, *dehors*,

hors, *ailleurs* : exemple; où *êtes-vous ?* Je fuis ici ; je *vais* là.

4°. Il y a des adverbes de temps, comme *hier, autrefois, bientôt, fouvent, toujours, jamais,* &c. exemple : *cet enfant joue* toujours, *& ne s'applique* jamais.

5°. Il y a des adverbes de *quantité* , comme *beaucoup, peu, affez, trop, tant,* &c. exemple : *il parle* beaucoup *& réfléchit* peu.

6°. Enfin il y a des adverbes de *comparaifon,* comme *plus, moins, auffi, autant,* &c. exemple : plus *fage ,* auffi *fage,* moins *fage que vous.*

Remarque. Certains adjectifs font quelquefois employés comme adverbes : on dit , chanter *jufte,* parler *bas,* voir *clair,* refter *court,* frapper *fort,* fentir *bon* , &c.

CHAPITRE IX.

NEUVIEME ESPECE DE MOTS.

La Conjonction.

Remarque. L'ON a vu jufqu'à préfent comment les mots fe joignent enfemble, pour former un fens : les mots ainfi réunis font une *phrafe* ou *propofition :* la plus petite pro-

F

position doit avoir au moins deux mots, le nominatif & le verbe, comme *je chante*, *vous lisez*, *l'homme meurt* : souvent le verbe a un régime, comme *je chante un air*, *vous lisez une lettre*, &c.

La *Conjonction* est un mot qui sert à joindre une phrase à une autre phrase ; par exemple quand on dit : *il pleure* & *il rit en même temps*, ce mot *&* lie la premiere phrase, *il pleure*, avec la seconde, *il rit*.

Différentes sortes de conjonctions.

1°. Pour marquer la liaison : *&* , *ni*, *aussi*, *que*.

2°. Pour marquer opposition : *mais*, *cependant*, *néanmoins*, *pourtant*.

3°. Pour marquer division : *ou* , *ou bien*, *soit*.

4°. Pour marquer exception : *sinon*, *quoique*.

5°. Pour comparer : *comme* , *de même que*, *ainsi que*.

6°. Pour ajouter : *de plus*, *d'ailleurs*, *outre que*, *encore*.

7°. Pour rendre raison : *car*, *parce que*, *puisque*, *vú que*.

8°. Pour marquer l'intention : *afin que*, *de peur que*.

9°. Pour conclure : *or*, *donc*, *ainsi*, *de sorte que*.

10°. Pour marquer le temps : *quand, lorsque, comme, dès que, tandis que.*

11°. Pour marquer le doute : *si, supposé que, pourvû que, en cas que.*

Il y a plusieurs autres conjonctions ; l'usage les fera connoître : la plus ordinaire est *que :* on distingue la conjonction *que* du *que* relatif, en ce qu'il ne peut pas se tourner par *lequel, laquelle.*

Régime des conjonctions.

Parmi les conjonctions, les unes veulent le verbe suivant au subjonctif, les autres à l'indicatif.

Voici celles qui régissent le subjonctif : *soit que, sans que, si ce n'est que, quoique, jusqu'à ce que, encore que, à moins que, pourvû que, supposé que, au cas que, avant que, non pas que, afin que, de peur que, de crainte que,* & en général quand on marque quelque doute, ou quelque souhait, comme *je souhaite, je doute* que *cet enfant soit jamais savant.*

CHAPITRE X.

DIXIEME ESPECE DE MOTS.

L'Interjection.

L'*Interjection* eſt un mot dont on ſe ſert pour exprimer un ſentiment de l'ame, comme la joie, la douleur, &c.

La joie : *Ah ! Bon !*

La douleur : *Aye ! Ah ! Helas ! Ouf !*

La crainte : *Ha ! Hé !*

L'averſion : *Fi. Fi donc.*

L'admiration : *Oh !*

Pour encourager : *Çà. Allons. Courage.*

Pour appeller : *Holà ! Hé.*

Pour faire taire : *Chut. Paix.*

REMARQUES PARTICULIERES

SUR CHAQUE ESPECE DE MOTS.

Des lettres.

H eſt aſpirée dans *héros* : on dit *le héros* ; mais elle n'eſt point aſpirée dans *héroïſme* : l'héroïſme de la vertu.

l au milieu & à la fin des mots, quand elle eſt précédée d'un *i*, eſt ordinairement mouillée, & se prononce comme à la fin de ces mots, *soleil*, *orgueil*, *famille*, *bouillir*.

s entre deux voyelles se prononce comme *z* ; exemple : *maison*, *poison* : excepté les mots *préséance*, *présupposer*, où l'on conserve la prononciation de l's.

d à la fin du mot *grand* se prononce comme *t* devant une voyelle ou une *h* muette : *grand homme*, on prononce comme s'il y avoit *grant homme*.

gn au milieu d'une phrase se prononce comme dans *ignorance*, *magnanime*. On écrit *œil* que l'on prononce comme *euil*.

Des noms composés.

Quand un nom est composé d'un adjectif & d'un nom, ils prennent tous deux la marque du pluriel ; exemple : un *gentilhomme*, des *gentilshommes*.

Quand il est composé de deux noms unis par une préposition, on ne met la marque du pluriel qu'au premier des deux noms ; exemple : *un chef-d'œuvre*, *des chefs-d'œuvre*, *un arc-en-ciel*, *des arcs-en-ciel*.

Quand il est composé d'une préposition ou d'un verbe & d'un nom, le nom seul prend la marque du pluriel ; exemple : *un entre-sol*, *des entre-sols*, *un garde-fou*, *des garde-foux*.

Noms de nombre.

Cent au pluriel, & *vingt* dans *quatre-vingt*, *six-vingt* prennent une *s*, quand ils sont suivis d'un nom ; exemple : deux cents *hommes*, quatre-vingts *volumes*, six-vingts *arbres*.

Pour la date des années on écrit *mil* ; exemple : *le froid fut très-grand en* mil *sept cent neuf* : par-tout ailleurs on écrit *mille* qui ne prend jamais *s* ; *deux* mille *hommes*.

Neuf se prononce devant une voyelle comme *neuv* ; exemple : *il y a neuf ans*, prononcez *neuv ans*.

On dit *une demi-heure*, une *demi-livre* : ce mot *demi* ne change pas, quand il est devant le nom ; mais dites : une heure & *demie*, une livre & *demie* : quand le mot *demi* est après le nom, il en prend le genre.

Noms partitifs.

On appelle noms partitifs ceux qui marquent la partie d'un plus grand nombre, comme *la plupart de*, *une infinité de*, *beaucoup de*, *peu de*, &c.

Les noms partitifs suivis d'un nom pluriel veulent le verbe & l'adjectif au pluriel.

Exemple.

La plupart des enfans font légers.

Remarque. Dans le sens partitif on met *de*

& non pas *des*, devant un adjectif ; exemple : *j'ai lu* de *bons livres*, & non pas *des* bons livres : *j'ai vu* de *belles maisons*, & non pas *des* belles maisons.

Pronoms.

1°. *Vous*, employé pour *tu*, veut le verbe au pluriel, mais l'adjectif suivant reste au singulier.

Exemple.

Mon fils, vous serez estimé, *si vous* êtes sage.

2°. *Le*, *la*, *les*, sont quelquefois pronoms & quelquefois ils sont articles : l'article est toujours suivi d'un nom ; *le roi*, *la reine*, *les hommes* : au lieu que le pronom est toujours joint à un verbe, comme *je* le *connois*, *je* la *respecte*, *je* les *estime*.

Le pronom *le* ne prend ni genre, ni nombre, quand il tient la place d'un adjectif ou d'un verbe ; par exemple : si l'on disoit à une dame : *Madame, êtes-vous malade ?* il faudroit qu'elle repondît : *oui, je* le *suis*, & non pas *je* la *suis*, parce que *le* se rapporte à l'adjectif *malade* : *on doit s'accommoder à l'humeur des autres autant qu'on* le *peut* : je mets *le*, parce qu'il se rapporte au verbe *accommoder*.

3°. N'employez le pronom *soi* qu'après un nominatif vague & indéterminé, comme *on*, *chacun*, *ce*, &c.

Exemples.

On ne doit jamais parler de foi.
Chacun *fonge à foi.*
N'aimer que foi c'eft être mauvais citoyen.

4°. Il ne faut pas fe fervir du pronom *fon*, *fa*, *fes*, *leur*, *leurs*, mis pour un nom de chofe, à moins que ce nom ne foit exprimé dans la même phrafe ; ainfi ne dites pas : *Paris eft beau, j'admire fes bâtimens ;* mais dites : *j'en admire les bâtimens.*

On employe bien *fon*, *fa*, *fes*, &c. pour un nom de chofe, quand il eft exprimé dans la même phrafe ; ainfi on dit bien : *la Seine a fa fource en Bourgogne* (1).

5°. Il faut dire : *c'eft en Dieu* que *nous devons mettre notre efpérance*, & non pas, *en qui ;* *c'eft à vous même* que *je veux parler*, & non pas, *à qui* je veux : *dans ces deux phrafes* que *n'eft pas relatif, mais conjonction.*

6°. *Qui* relatif eft toujours de la même perfonne que fon *antécédent ;* ainfi il faut dire : *moi* qui *ai vu ; vous* qui *avez vu ; nous* qui *avons vu*, &c.

7°. *Qui*, précédé d'une prépofition, ne fe

---

(1) Cependant, quoique le nom de *chofe* ne foit pas dans la même phrafe, on fe fert bien de *fon*, *fa*, *fes*, quand il eft régi par une prépofition, comme : *Paris eft beau ; j'admire la grandeur de fes bâtimens.*

dit

dit jamais des choſes, mais ſeulement des perſonnes, ainſi ne dites pas : *les ſciences à qui je m'applique*, mais auxquelles *je m'applique*.

8°. *Ce* devant le verbe *être* veut ce verbe au ſingulier, excepté quand il eſt ſuivi de la troiſieme perſonne pluriele ; on dit : c'eſt *moi*, c'eſt *toi*, c'eſt *lui*, c'eſt *nous*, c'eſt *vous qui* ; mais il faut dire : ce ſont *eux*, ce ſont *elles*, ce ſont *vos ancêtres qui ont bâti ce château*.

9°. *Tout* mis pour *quoique*, *entiérement*, ne change point de nombre devant un adjectif maſculin ; ainſi dites : *les enfans* tout *aimables qu'ils ſont, ne laiſſent pas d'avoir bien des défauts*.

Tout ne change ni de genre, ni de nombre devant un adjectif féminin pluriel qui commence par une voyelle ou une *h* muette ; ainſi dites : *Ces images*, tout *amuſantes qu'elles ſont, ne me plaiſent pas*.

Mais ſi l'adjectif féminin eſt au *ſingulier*, ou ſi, étant au pluriel, il commence par une conſonne, alors on met *toute*, *toutes* ; exemple : *cette image*, toute *amuſante qu'elle eſt, ne me plaît pas* : *ces images*, toutes *belles qu'elles ſont, ne me plaiſent pas* (1).

---

(1) Quand *tout* ſignifie *entiérement*, il ſuit la même regle : *ils ſont* tout *interdits : elles ſont* tout *interdites*, &c.

100. *Quelque* .... *que* s'emploie de cette maniere, s'il y a un adjectif entre *quelque* & *que*, alors *quelque* ne prend jamais *s* à la fin.

Exemple.

Les rois quelque *puissants* qu'ils *soient ne doivent pas oublier qu'ils sont hommes.*

S'il y a un nom entre *quelque* & *que*, alors on met *quelque* au même nombre que le nom.

Exemple.

Quelques *richesses* que *vous ayez*, vous ne *devez pas vous enorgueillir.*

Si le nom n'est placé qu'après le *que* & le verbe, alors il faut écrire en deux mots séparés *quel* ou *quelle* que, *quels* ou *quelles* que.

Exemple.

Quelle que soit votre naissance, *quelles* que soient vos richesses, vous ne devez pas vous enorgueillir ; votre naissance, quelle qu'elle soit, ne vous donne pas le droit de mépriser les autres.

11°. *Celui-ci*, *celui-là*, s'emploient de cette maniere : *celui-ci* pour la personne dont on a parlé en dernier lieu ; *celui-là* pour la personne dont on a parlé en premier lieu.

Exemple.

Les deux philosophes Héraclite & Démocrite

étoient d'un caractere bien différent ; celui-ci rioit toujours ; celui-là pleuroit sans cesse.

Ceci désigne une chose plus proche, *cela* désigne une chose plus éloignée ; exemple : *je n'aime pas* ceci ; *donnez-moi* cela.

12°. Le mot *personne* employé comme *pronom* est du masculin ; on dit : *je ne connois* personne *plus heureux que lui* : mais *personne* employé comme *nom* est du féminin : cette personne est très-*heureuse.*

On ne dit plus : *un chacun, un quelqu'un.*

Remarques sur les Verbes.

I.

Le nominatif soit nom, soit pronom, se place après le verbe ; 1°. quand on interroge ; exemple : *Que penseront de vous* les honnêtes gens, *si vous n'êtes pas sage ? Irai*-je ? *Viendras*-tu ? *Est*-il arrivé ?

Quand le verbe qui précede *il, elle, on,* finit par une voyelle, on ajoute un *t* devant *il, elle, on* ; exemple : *appelle-t-il ? Viendra-t-elle ? Aime-t-on les paresseux ?*

L'usage ne permet pas toujours cette maniere d'interroger à la premiere personne, parce que la prononciation en seroit rude & désagréable ; ne dites pas : *cours-je, ments-je, dors-je, sors-je,* &c. il faut prendre un autre tour, & dire : *est-ce que je cours ? est-ce que je ments ? est-ce que je dors ?*

G 2

2°. Le nominatif se met encore après le verbe, quand on rapporte les paroles de quelqu'un ; exemple : *je me croirai heureux*, disoit un bon roi, *quand je ferai le bonheur de mes sujets.*

3°. Après *tel, ainsi* ; exemple : *tel étoit* son avis ; *ainsi mourut* ce prince.

4°. Après les verbes impersonnels ; exemple : *il est arrivé* un grand malheur.

I I.

On ne doit se servir du prétérit *défini*, qu'en parlant d'un temps absolument écoulé, & dont il ne reste plus rien ; ainsi ne dites pas : *j'étudiai aujourd'hui, cette semaine, cette année*, parce que le jour, la semaine, l'année, ne sont pas encore passés ; ne dites pas non plus : *j'étudiai ce matin :* il faut pour le prétérit *défini* qu'il y ait l'intervalle d'un jour ; mais on dit bien : *j'étudiai hier, la semaine derniere, l'an passé*, &c.

Le prétérit *indéfini* s'emploie indifféremment pour un temps passé, soit qu'il en reste encore une partie à écouler, ou non ; on dit bien : *j'ai étudié ce matin, j'ai étudié hier, j'ai étudié cette semaine, j'ai étudié la semaine passée*, &c.

I I I.

A quel temps du subjonctif faut-il mettre le verbe qui suit la conjonction *que ?* (Quand elle régit ce mode.)

Premiere regle. Quand le premier verbe eſt au préſent ou au futur, mettez au préſent du ſubjonctif le ſecond verbe qui eſt après *que.*

Exemple.

Il faut
Il faudra } *que* vous ſoyez *plus attentif.*

Deuxieme regle. Quand le premier verbe eſt à l'un des prétérits, mettez le ſecond verbe à l'imparfait du ſubjonctif.

Exemples.

Il falloit . . .
Il fallut . . .
Il a fallu . . } *que* vous fuſſiez *plus attentif.*
Il eût fallu . .
Il auroit fallu .

Remarques ſur les Prépoſitions.

1°. Ne confondez pas *autour* & *à l'entour :* *autour* eſt une prépoſition, & elle eſt toujours ſuivie d'un régime ; *autour du thrône :* *à l'entour* n'eſt qu'un adverbe & il n'a point de régime : *il étoit ſur ſon trône & ſes fils étoient* à l'entour.

2°. Ne confondez pas *avant* & *auparavant,* *avant* eſt une prépoſition, & elle eſt ſuivie d'un régime : *avant l'âge ; avant le temps :* *auparavant* n'eſt qu'un adverbe, & il n'a point de régime : *ne partez pas ſi-tôt, venez me voir auparavant.*

3°. *Au travers* eſt ſuivi de la prépoſition

G 3

de : *au travers* des ennemis : *à travers* n'en eſt pas ſuivi ; on dit : *à travers les ennemis.*

Remarques ſur les Adverbes.

1o. *Plus* & *davantage* ne s'emploient pas toujours l'un pour l'autre : *davantage* ne peut être ſuivi de la prépoſition *de*, ni de la conjonction *que* ; on ne dit pas : *il a davantage* de *brillant que* de *ſolide* , mais *plus de brillant* ; on ne dit pas ; *il ſe fie* davantage *à ſes lumieres qu'à celles des autres ; mais il ſe fie* plus *à ſes lumieres.*

Davantage ne peut s'employer que comme adverbe ; exemple : *La ſcience eſt eſtimable , mais la vertu l'eſt bien* davantage.

2o. Ne confondez pas l'adverbe *près de* , qui ſignifie *ſur le point de* , avec l'adjectif *prêt à* , qui ſignifie *diſpoſé à* ; on ne dit point : *il eſt prêt à tomber ;* mais *il eſt près de tomber.*

Ne confondez pas *à la campagne* & *en campagne ;* ce dernier ne ſe dit que du mouvement des troupes : *l'armée eſt* en *campagne ;* mais il faut dire : *j'ai paſſé l'été à la campagne.*

Remarque ſur le Régime.

Regle. Un nom peut être régi par deux adjectifs, ou par deux verbes à la fois, pourvu que ces adjectifs & ces verbes ne veuillent pas un régime différent.

Exemples.

Cet homme est utile & cher à sa famille.
Cet officier attaqua & prit la ville.

Mais on ne peut pas dire : *cet homme est utile & chéri de sa famille*, parce que l'adjectif *utile* ne peut régir *de sa famille*; on ne peut pas dire : *cet officier attaqua & se rendit maître* de *la ville*, parce que le verbe *attaquer* ne peut régir *de la ville*.

CHAPITRE XI.
DE L'ORTHOGRAPHE.

L'ORTHOGRAPHE est la maniere d'écrire correctement tous les mots d'une langue.

ORTHOGRAPHE DES NOMS.

1º. La premiere lettre des noms propres, des noms de dignité doit être une lettre capitale, *Louis*, *Paris*.

2º. Tous les noms qui ne finissent point par *s* au singulier, en prennent une au pluriel; exemple : *un jardin charmant; des jardins charmants.*

3º. C'est une faute d'écrire sans *h* les mots qui commencent par cette lettre : écrivez *l'honneur*, & non pas *l'onneur* : quoiqu'on

G 4

écrive *honneur* avec deux *nn*, il n'y en a qu'une dans *honorer*.

4°. On écrit avec *mp compte*, *compter* pour fignifier *fupputer* ; avec *m* feulement *comte*, *comté* titre, dignité ; avec une *n conte*, *conter*, pour fignifier *raconter*.

5°. On écrit avec *mp champ* pour fignifier *terre*, & avec *nt chant*, pour fignifier l'action de *chanter*.

6°. On écrit ainfi *faim*, befoin de manger, & *fin*, le terme où finit une chofe : *la mort eft la fin de la vie*.

Mots en *ace* & en *affe*.

On écrit ainfi par *ce*, *glace*, *beface*, *grimace*, *efpace*, *place*, *race*, *grace*, &c.

Et par *ffe*, *terraffe*, *baffe*, *graffe* ; tous les imparfaits du fubjonctif de la premiere conjugaifon : *j'aimaffe*, *j'appellaffe*, &c.

Mots en *ance* & en *ence*.

On écrit par *a* les mots fuivants : *abondance*, *conftance*, *vigilance*, *diftance*, &c.

Et par *e*, *prudence*, *confcience*, *abfence*, *clémence*, *éloquence*, &c. (On fuit à cet égard l'orthographe latine ; *abundantia*, *prudentia*.)

Mots en *ece* & en *esse*.

On écrit ainsi par *ce*, *niece*, *piece*, & par *sse*, *adresse*, *blesse*, *paresse*, &c.

Mots en *ice* & en *isse*.

On écrit ainsi par *ce*, *calice*, *office*, *artifice*, *précipice*, &c.

Et par *sse*, *écrevisse*, *reglisse*, *jaunisse*; tous les imparfaits du subjonctif de la deuxieme & quatrieme conjugaison : *je finisse*, *je rendisse*.

Mots en *sion*, *tion*, *xion*, *ction*.

On écrit par une *s*, *appréhension*, *dimension*, *pension*, *convulsion*, *ascension*, &c. & par *t*, *attention*, *condition*, *agitation*, *discrétion*, &c.

Remarque. *t* conserve sa prononciation dans les noms où il est précédé d'une *s* ou d'un *x* ; *question*, *indigestion*, *mixtion* : autrement il se prononce comme *s* : *attention*, prononcez *attension*.

On écrit par *x*, *fluxion*, *réflexion*, *complexion*, *génuflexion*, &c. & par *ct*, *action*, *distinction*, *séduction*, *prédilection*, &c.

(Ces observations ne peuvent être reduites en regles générales, la lecture & le dictionnaire doivent en tenir lieu.)

ORTHOGRAPHE DES VERBES.

Préfent de l'indicatif.

Singulier. 1°. Si la premiere perfonne finit par *e* ; *j'aime, j'ouvre,* &c. on ajoute *s* à la feconde : la troifieme eft femblable à la premiere ; exemple : *j'aime, tu aimes, il aime.*

2°. Si la premiere perfonne finit par *s*, ou *x*, la feconde eft femblable à la premiere ; la troifieme finit ordinairement en *t* : *je finis, tu finis, il finit.* (Dans quelques verbes la troifieme perfonne fe termine en *d*; il *rend,* il *vend,* il *prétend.*)

Pluriel. Le pluriel dans toutes les conjugaifons termine toujours par *ons, ez, ent* : *nous aimons, vous aimez, ils aiment; nous finiffons, vous finiffez, ils finiffent.*

Imparfait de l'indicatif.

Il fe termine toujours de cette maniere : *ois, ois, oit, ions, iez, oient.*

j'aimois, tu aimois, il aimoit, nous aimions, vous aimiez, ils aimoient.

Prétérit de l'indicatif.

Le prétérit *défini* a quatre terminaifons : *ai, is, us, ins,* de cette maniere.

j'aimai, tu aimas, il aima, nous aimâmes, vous aimâtes, ils aimerent.

Je finis, tu finis, il finit, nous finîmes, vous finîtes, ils finirent.

Je reçus, tu reçus, il reçut, nous reçûmes, vous reçûtes, ils reçurent.

Je devins, tu devins, il devint, nous devînmes, vous devîntes, ils devinrent.

Futur de l'indicatif.

Il se termine toujours ainsi : *rai, ras, ra, rons, rez, ront.*

J'aimerai, tu aimeras, il aimera, nous aimerons, vous aimerez, ils aimeront.

Je recevrai, tu recevras, il recevra, nous recevrons, vous recevrez, ils recevront (1).

Conditionnel présent.

Il se termine toujours ainsi : *rois, rois, roit, rions, riez, roient.*

J'aimerois, tu aimerois, il aimeroit, nous aimerions, vous aimeriez, ils aimeroient.

Je recevrois, tu recevrois, il recevroit, nous recevrions, vous recevriez, ils recevroient.

Présent du subjonctif.

Il se termine toujours ainsi : *e, es, e, ions, iez, ent.*

---

(1) N'écrivez pas *je receverai, je renderai* ; on ne met *e* devant *rai* qu'à la premiere conjugaison.

Que j'aime , que tu aimes , qu'il aime , que nous aimions , que vous aimiez , qu'ils aiment.

Imparfait du subjonctif.

Il a quatre terminaisons : *asse , isse , usse , insse* , de cette maniere.

J'aimasse , tu aimasses , il aimât , nous aimassions , vous aimassiez , ils aimassent.

Je finisse , tu finisses , il finît , nous finissions , vous finissiez , qu'ils finissent

Je reçusse , tu reçusses , il reçût , nous reçussions , vous reçussiez , qu'ils reçussent.

Je devinsse , tu devinsses , il devînt , nous devinssions , vous devinssiez , ils devinssent.

Remarquez que les secondes personnes plurieles des verbes ont ordinairement un *z* à la fin.

REMARQUES

Sur l'orthographe des Pronoms , Adverbes & autres mots.

Leur ne prend jamais *s* à la fin , quand il est joint à un verbe : alors il signifie *à eux , à elles* : ces enfants ont été sages , *je* leur donnerai un prix.

Leurs , suivi d'un nom pluriel prend une *s* : alors il signifie *d'eux , d'elles* : un pere aime ses enfants , mais il n'aime pas leurs *défauts*.

On ne met point d'accent fur *o* dans *notre*, *votre*, quand ils font devant un nom : *votre pere*, *notre maifon* ; mais on met un accent circonflexe fur *ô* dans *le nôtre*, *le vôtre*, *la nôtre*, *la vôtre* ; exemple : *mon livre eft plus beau que le* vôtre.

On met un accent grave fur *là* adverbe de lieu ; *allez* là : on n'en met point fur *la* article : la *reine* ; ni fur le pronom féminin *la* : *je* la *connois*.

On met un accent grave fur *où* adverbe de lieu : où *allez-vous*.

On n'en met point fur *ou* conjonction : *c'eft vous* ou *moi*.

On met un accent grave fur *à* prépofition : *je vais* à *Paris*.

On n'en met point fur *a* troifieme perfonne du verbe *avoir* : *il* a *de l'efprit*.

On met un accent circonflexe fur *dû* participe du verbe *devoir* : *rendez à chacun ce qui lui eft* dû : on n'en met point fur *du*, article : *la lumiere* du *foleil*.

De l'Apoftrophe.

L'apoftrophe (') marque le retranchement d'une de ces trois lettres ; *a*, *e*, *i*.

a, *e*, fuivis d'une voyelle ou d'une *h* muette fe retranchent dans *le*, *la*, *je*, *me*, *te*, *fe*, *de*, *ne*, *que*, *ce*.

Le, on dit : *l'ami*, *l'enfant*, *l'inftinct*, *l'oifeau*, *l'univers*, *l'honneur*, pour *le enfant*, &c.

La, on dit : *l'abeille, l'épée, l'intention, l'oisiveté, &c.* pour *la abeille, la épée.*

Je, on dit : *j'apprends, j'étudie, j'honore, j'oublie, &c.* pour *je apprends, &c.*

Me, on dit : *vous m'aimez, vous m'estimez, vous m'instruisez, &c.* pour *me aimez.*

Te, on dit : *je t'avertis, je t'ennuie, je t'invite, &c.* pour *te avertis, &c.*

Se, on dit : *il s'amuse, il s'ennuie, il s'instruit, il s'occupe,* pour *se amuse, &c.*

De, on dit : *beaucoup d'apparence, d'ignorance, d'orgueil,* pour *de apparence, &c.*

Ne, on dit : *je n'aime pas, je n'estime pas, il n'obéit pas,* pour *ne aime, &c.*

Que, on dit : *qu'avez-vous fait ? qu'importe ?* pour *que avez-vous fait, &c.*

Ce, on dit : *c'est la vérité,* pour *ce est, &c.*

e à la fin des mots *quelque, entre, jusque.*

Quelque, perd *e* devant *un, autre* : *quelqu'un, quelqu'autre.*

Entre, perd *e* devant *eux, elles, autres* : *entr'eux, entr'elles, entr'autres.*

Jusque, perd *e* devant *à, au, aux, ici* : *jusqu'à Paris, jusqu'au ciel, jusqu'ici.*

i, se retranche dans le mot *si* devant *il, ils* : *s'il arrive ; s'ils viennent.*

Du Trait d'union.

Le *trait d'union* (-) se met entre les verbes & *je, me, moi, toi, tu, nous, vous, il, ils, elle, elles, le, la, les, lui, leur, y, en, ce, on*, quand ces mots sont placés après le verbe.

Exemples.

Irai-je ? viens-tu ? donnez-lui ; achevera-t-il ? viendra-t-elle ? a-t-on fait ? prenez-en, &c.

On met encore le trait d'union entre deux mots tellement joints ensemble qu'ils n'en font plus qu'un : *chef-d'œuvre, courte-pointe, avant-coureur.*

Du Trema.

Le *trema* (··). On appelle ainsi deux points placés sur les voyelles *i, u, e*, quand ces lettres doivent être prononcées séparément de la voyelle qui précede, comme *haïr, païen, aïeul, ambigüe ;* pour empêcher qu'on ne prononce ce dernier mot comme *fatigue.*

De la Cedille.

La *cedille* (ç). On appelle ainsi une petite figure, qu'on met fous le *c* devant *a, o, u*, pour avertir qu'il doit avoir le son de *s*, comme dans *façon, leçon, façade.*

De la Parenthese.

La *parenthese.* On appelle ainsi deux crochets ( ) dans lesquels on renferme quelques mots détachés ; exemple : *Celui qui évite d'apprendre* (dit le Sage) *tombera dans le mal.*

DE LA PONCTUATION.

Il y a six marques pour indiquer en écrivant les endroits du discours où l'on doit s'arrêter.

1º. La virgule (,) se met après les noms, les adjectifs, les verbes qui se suivent.

Exemples.

La candeur, la docilité, la simplicité, sont les vertus de l'enfance.

La charité est douce, patiente, bienfaisante.

La virgule sert encore à distinguer les différentes parties d'une phrase.

Exemple.

L'étude rend savant, & la réflexion rend sage.

2º. Le point avec la virgule (;) se met entre deux phrases, dont l'une dépend de l'autre.

Exemple.

La douceur est à la vérité une vertu ; mais elle ne doit pas dégénérer en foiblesse.

3º. Les deux points (:) se mettent après une phrase finie ; mais suivie d'une autre qui sert à l'étendre ou à l'éclaircir.

Exemple.

Exemple.

*Il ne faut jamais se moquer des misérables :
car qui peut s'assurer d'être toujours heureux ?*

4°. Le point (.) se met à la fin des phrases, quand le sens est entiérement fini.

Exemple.

Le mensonge est le plus bas de tous les vices.

5°. Le point interrogatif (?) se met à la fin des phrases qui expriment une interrogation.

Exemples.

Quoi de plus beau que la vertu ?

6°. Le point d'admiration (!) se met après les phrases qui expriment l'admiration.

Exemple.

Qu'il est doux de servir le Seigneur !

F I N.

H

geré dans aucun lieu de notre obéissance ; comme aussi d'imprimer ou faire imprimer, vendre, faire vendre, débiter ni contrefaire lesdits ouvrages, sous quelque prétexte que ce puisse être, sans la permission expresse & par écrit dudit Exposant, ou de celui qui le représentera, à peine de saisie & de confiscation des exemplaires contrefaits, de six mille livres d'amende, qui ne pourra être modérée, pour la premiere fois, de pareille amende & de déchéance d'état en cas de récidive, & de tous dépens, dommages & intérêts, conformément à l'Arrêt du Conseil du 30 Août 1777, concernant les contrefaçons. A la charge que ces Présentes seront enregistrées tout au long sur le registre de la Communauté des Imprimeurs & Libraires de Paris, dans trois mois de la date d'icelles ; que l'impression dudit ouvrage sera faite dans notre royaume & non ailleurs, en beau papier & beau caractere, conformément aux Réglemens de la Librairie, à peine de déchéance du présent Privilege ; qu'avant de l'exposer en vente, le manuscrit qui aura servi de copie à l'impression dudit ouvrage sera remis dans le même état où l'approbation y aura été donnée, ès mains de notre très-cher & féal Chevalier Garde des Sceaux de France, le sieur HUE DE MIROMESNIL. Qu'il en sera ensuite remis deux exemplaires dans notre Bibliotheque publique ; un dans celle de notre Château du Louvre ; un dans celle de notre très-cher & féal Chancelier de France, le sieur DE MAUPEOU ; & un dans celle dudit sieur HUE DE MIROMESNIL ; le tout à peine de nullité des Présentes ; du contenu desquelles vous mandons & enjoignons de faire jouir ledit exposant & ses hoirs pleinement & paisiblement, sans souffrir qu'il leur soit fait aucun trouble ou empêchement. Voulons que la copie des Présentes, qui sera imprimée tout au long au commencement ou à la fin dudit ouvrage, soit tenue pour duement signifiée, & qu'aux copies collationnées par l'un de nos amés & féaux Conseillers Secrétaires, foi soit ajoutée comme à l'original. Commandons au premier notre Huissier, ou Sergent sur ce requis, de faire pour l'exécution d'icelles, tous actes requis & nécessaires, sans demander autre permission, & nonobstant clameur de Haro, Charte Normande, & Lettres à ce contraires. Car tel est notre plaisir. Donné à Paris le septieme jour de Juin, l'an de grace mil sept cent quatre-vingt, & de notre regne le septieme. PAR LE ROI EN SON CONSEIL, LEBEGUE.

REGISTRÉ sur le Registre XXI de la Chambre Royale & Syndicale des Libraires & Imprimeurs de Paris, N°. 2069, folio 314, conformément aux dispositions énoncées dans le présent Privilege, à la charge de remettre à ladite Chambre les huit exemplaires prescrits par l'Article CVIII du Réglement de 1723. A Paris, le 10 Juin 1780.

QUILLAU, Adjoint.

LIVRES qui se trouvent chez le même Libraire.

ELÉMENS de la Grammaire Latine, à l'usage des Colleges ; par M. Lhomond, 2ᵉ édition, *in-12*, 1780, rel. en parchemin.   1 l. 4 s.

Nouveaux Élémens de la Langue Latine, ou Cours de ThêmesFrançois-Latins, pour les Classes de Septieme, Sixieme, Cinquieme & Quatrieme, 4 vol. *in-12*.

Grammaire Françoise à l'usage des Colleges, par M. Sellier, Principal du College de Crepy en Valois, *in-12*.   1 l. 16 s.

Historiæ Romanæ res memorabiles ex Scriptoribus illustribus collectæ, Livio scilicet, Floro, Sallustio & Paterculo ; ab Urbe conditâ, ad obitum usque Cæsaris Augusti : opus Universitatis decreto recognitum & probatum. Nova editio recognita & emendata à D***, in Universitate Parisiensi Professore. *in-12*. 1780.   2 l. 10 s.

Ovidii selectæ Fabulæ ex Libris Metamorph. capitibus & notis Gallicis enucleatæ, quibus accesserunt eximia quædam ex Virgilii Georgicis loca, ad usum Scholarum inferiorum, editio altera, recognita & locupletior priore, *in-12*, parchemin.   1 l. 5 s.

Rudiment pour apprendre le Latin sans faire de thêmes, par Valart, grand *in-8°*. rel. en parchemin. 1 l. 10 s.

Lettres de Ciceron, mises à la portée des Commençans, Lar. & Franç. avec un petit Lexique à la fin, par le même. *in-12*, broché.   15 s.

— Les mêmes sans la traduction, *in-12*, relié en parchemin.   15 s.

Q. Horatii Flacci Opera, du même, *in-8°*, *sur papier d'Annonai, & en beaux caracteres*, broché.   3 l. 12 s.

Sexti Julii Frontini Stratagematicôn Libri tres, Stratagicôn Liber unus, ad usum Scholarum Regio-Militarium, editio nitidissima, *in-12*. broché.   1 l. 10 s.

Le même Libraire tient un assortiment général de tous les Livres à l'usage des Colleges.

www.ingramcontent.com/pod-product-compliance
Lightning Source LLC
LaVergne TN
LVHW050631090426
835512LV00007B/795